초등학생을 위한

표준 한국어
익힘책

고학년

의사소통 3

초등학생을 위한

표준 한국어 익힘책

국립국어원 기획 | 이병규 외 집필

고학년

의사소통 3

마리북스

발간사

    국립국어원에서는 교육부 2012년 '한국어 교육과정' 고시에 따라 교육과정을 반영한 학교급별 교재 개발을 진행하였습니다. 이어서 2017년 9월에 '한국어 교육과정'이 개정·고시(교육부 고시 제2017-131호)됨에 따라 2017년에 한국어(KSL) 교재 개발 기초 연구를 수행하였고, 연구 결과를 바탕으로 초등학교 교재 11권, 중고등학교 교재 6권을 개발하여 2019년 2월에 출판하였습니다.

    교재에 더하여 학교 현장에서 다문화가정 학생들의 한국어 의사소통 능력 및 학습 능력 함양에 보탬이 되고자 익힘책을 개발하게 되었습니다. 교재와의 연계성을 높인 내용으로 구성하여 말 그대로 익힘책을 통해 한국어를 더 잘 익힐 수 있도록 노력하였습니다. 더불어 익힘책의 내용을 추가 반영한 지도서를 함께 출판하여 현장에서 애쓰시는 일선 학교 담당자들과 선생님들에게도 교재 사용의 길라잡이를 제공하고자 하였습니다.

    '다문화'라는 말이 더 이상 낯설지 않은 한국 사회에서 다문화가정 학생들이 한국 사회 구성원으로서의 정체성 함양에 밑거름이 되는 한국어 능력을 기르는 데《초등학생을 위한 표준 한국어》가 도움이 되기를 바랍니다. 국립국어원에서는 이제껏 그래왔듯이 교재 개발 결과가 현장에서 보다 잘 활용될 수 있도록 돕기 위하여 교재 개발은 물론 교원 연수 등을 통해 지속적으로 다문화가정 학생들의 한국어 능력 향상을 위해 노력하겠습니다.

    끝으로 3년간《초등학생을 위한 표준 한국어》교재와 익힘책, 지도서 개발과 발간을 위해 애써 주신 교재 개발진과 출판사에 깊은 감사의 말씀을 드립니다.

2020년 1월
국립국어원장 소강춘

머리말

새로 발행되는《초등학생을 위한 표준 한국어 익힘책》은 2019년에 개정되어 출판된《초등학생을 위한 표준 한국어》와 함께 사용하는 보조 교재입니다. 본교재로서《초등학생을 위한 표준 한국어》는 고학년과 저학년의 학령과 숙달도에 맞게 각 4권, 총 8권으로 출판된 〈의사소통 한국어〉 교재와 세 학년군, 세 권 책으로 분권 출판된 〈학습 도구 한국어〉 교재를 통해 초등학생들의 한국어(KSL) 학습의 바탕이 되고 있습니다. 익힘책 교재는 이들 교재와 긴밀하게 연계된 단원 구성을 가지고 있으며, 본교재의 한국어(KSL) 학습 내용을 다시 떠올리고 관련된 연습 활동을 충분히 수행할 수 있도록 구성되었습니다.

〈초등학생을 위한 표준 한국어 의사소통 익힘책〉은 〈의사소통 한국어〉 교재와 연계되어 있으며 일상생활과 학교생활의 다양한 장면 속에서 어휘와 문법을 연습할 수 있도록 편찬되었습니다. 무엇보다도 〈의사소통 한국어〉 본단원에서 학습한 목표 어휘와 문법을 다양한 상황에 따라 사용할 수 있고 말하고, 듣고, 읽고 쓰는 주요한 언어 기능의 통합적 사용을 되새기며 연습할 수 있도록 하는 활동이 주요하게 제시되었습니다. 〈학습 도구 한국어〉 교재와 연계된 〈초등학생을 위한 표준 한국어 학습 도구 익힘책〉은 교실 수업과 교과 학습 상황에 필요한 주요한 어휘와 학습 개념을 복습하고 활용하는 내용들로 채워져 있습니다. 본단원에서 제시된 학습 도구 어휘, 교과 연계적 개념과 기능들을 특히 읽기와 쓰기의 문식성 활동들을 통해 되새기고 연습할 수 있도록 합니다.

2019년에 개정 출판되었던《초등학생을 위한 표준 한국어》교재와 마찬가지로, 새로 출판되는《초등학생을 위한 표준 한국어 익힘책》역시 초등학생 학습자와 초등 교육 현장의 특성을 충분히 이해하고 반영하려는 여러 노력들을 바탕으로 한 것입니다. 익힘책 편찬에서는 교실에서의 학습 조건이나 교재를 활용하는 다양한 환경이 많이 고려되었습니다. 학습자와 교사 모두가 본교재에 접근하는 데에 실질적인 도움을 얻고 어려움을 덜 수 있도록 익힘책이 보조하도록 하였습니다.

《초등학생을 위한 표준 한국어 익힘책》편찬을 위해 많은 관심과 지원을 아끼지 않은 국립국어원 소강춘 원장님을 비롯한 관계자 여러분께 감사드립니다. 본교재와 더불어 익힘책 교재로 이어졌던 고된 집필을 마무리하기까지, 노력과 진심을 다해 주신 연구 집필진 선생님들께, 그리고 마리북스 정은영 대표를 비롯한 출판에 도움을 주신 많은 분들께도 감사의 마음을 전합니다.

2020년 1월
연구 책임자 이병규

단원 번호와 단원명
단원의 주제를 제목으로 제시하였습니다.

차시 번호와 차시 제목
해당 차시의 주제를 제목으로 제시하였습니다.

목표 어휘 연습
학습 대상 어휘를 다양한 활동을 통하여 연습합니다.

목표 어휘 연습 확장
학습한 어휘를 활용하여 구나 문장 만들기 연습을 합니다.

목표 문법 연습
학습 대상 문법을 정확하게 사용할 수 있도록 형태 연습을 합니다.

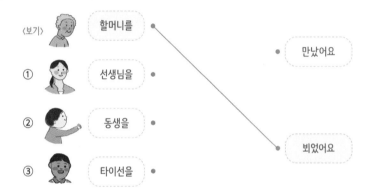

8 계획과 실천

1 여행 계획

1. 알맞은 것을 연결하고 〈보기〉와 같이 써 봅시다.

〈보기〉 할머니를 · · 만났어요
① 선생님을 ·
② 동생을 ·
③ 타이선을 · · 뵈었어요

〈보기〉 나는 할머니를 뵈었어요.

① 나는 선생님을 _____
② 나는 동생을 _____
③ 나는 타이선을 _____

2. 써 봅시다.

| (책을) 읽다 ➡ 읽는 김에 | (창문을) 닦다 ➡ |
| (슈퍼에) 가다 ➡ 가는 김에 | (방을) 청소하다 ➡ |

84 · 의사소통 한국어 익힘책 3

목표 어휘와 목표 문법

학습 대상 어휘와 문법을
확인할 수 있습니다.

차 ㅅ ㄷ ㅈ
ㄹ ㅎ ㄴ
ㅁ ㅇ ㅍ
ㅌ ㄷ ㅂ

🖊 뵙다, 베트남, 친구를 만나다, 친척

💬 -는 김에

● 〈의사소통 한국어 3〉 144~145쪽 ◀

연계 안내

〈의사소통 한국어 3〉의 연계
쪽수를 안내합니다.

3. 어떤 일과 어떤 일을 같이 할 수 있어요? 연결해서 문장을 만들어 봅시다.

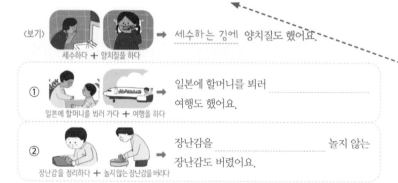

〈보기〉 세수하다 + 양치질을 하다 ➡ 세수하는 김에 양치질도 했어요.

① 일본에 할머니를 뵈러 가다 + 여행을 하다 ➡ 일본에 할머니를 뵈러 _____ 여행도 했어요.

② 장난감을 정리하다 + 놀지 않는 장난감을 버리다 ➡ 장난감을 _____ 놀지 않는 장난감도 버렸어요.

목표 문법 연습 확장

문장 안에서 학습 대상인 문법
형태를 활용하는 연습을 합니다.

4. 이야기를 읽고 〈보기〉와 같이 답을 써 봅시다. ◀

저는 친척이 많아요. 할아버지, 할머니도 계시고 고모, 삼촌도 계세요. 그리고 사촌
언니도 한 명 있는데 부산에 살아요. 사촌 언니는 중학교 2학년이에요. 지난 방학 때는
사촌 언니를 만나러 가는 김에 부산 여행도 했어요. 저는 사촌 언니를 아주 좋아해요.

〈보기〉 어떤 친척이 있어요? ➡ 할아버지, 할머니, 고모, 삼촌, 사촌 언니

① 사촌 언니는 어디에 살아요? ➡ _____ 에 살아요.

② 사촌 언니는 몇 학년이에요? ➡ 중학교 _____ 학년이에요.

③ 지난 방학 때 무엇을 했어요? ➡ _____
_____ .

적용 활동

공부한 내용을 일상생활 상황에
적용하고 실천하며 내면화합니다.

8. 계획과 실천 • 85

1. 그림에 알맞은 인사를 해 보세요.

① 친구를 만날 때   ② 친구와 헤어질 때   ③ 새 친구를 만날 때

2. 친한 친구 이름이 뭐예요? 그 친구를 소개해 보세요.

3. 친척이 있어요? 친척 중에서 누구를 만났어요? 친척을 만나서 무엇을 했어요?

4. 어떤 수업을 좋아해요? 학교 수업 중에 무엇이 기억에 남아요?

시간표

교시 ＼ 요일	월요일	화요일	수요일	목요일	금요일
1	국어	사회	수학	국어	국어
2	사회	수학	사회	체육	수학
3	영어	국어	미술	영어	과학
4	수학	과학	미술	도덕	음악
5	체육	음악	국어	창의	체육
6				창의	
7					

5. 사계절 중에서 어느 계절을 좋아해요? 왜 그 계절을 좋아해요?

6. 방학 때 가족하고 놀러 갔어요? 놀러 갈 때 무엇을 가지고 가요?

7. 다음 중에서 먹어 본 음식이 있어요? 음식 맛은 어때요? 그 음식은 어떻게 먹어요?

중국
딤섬

인도
카레

일본
초밥

이탈리아
피자

8. 얼마예요? 값을 말해 봅시다.

① 600원   ② 2000원   ③ 35000원

9. 부모님과 같이 시장에 가 봤어요? 무엇을 샀어요? 슈퍼마켓이나 백화점보다 시장에 물건이 많아요?

10. 한국에서는 어른들과 같이 밥을 먹을 때 어떻게 해야 해요?

질문에 잘 대답했는지 선생님과 확인해 봅시다.

문항	평가 기준	매우 잘함	잘함	보통
1	1) 상황에 알맞은 인사말을 할 수 있어요. 2) ① 친구와 만날 때 "○○, 안녕!" 등으로 인사해요. 　② 친구와 헤어질 때 "잘 가. 내일 보자." 등으로 인사해요. 　③ 새 친구를 만날 때 "나는 ○○(이)야. 만나서 반가워." 등으로 인사해요.			
2	1) '-고'를 사용하여 친구를 소개할 수 있어요. 2) '길다, 짧다, 크다, 작다, 날씬하다, 튼튼하다, 세다, 잘하다, 웃다, 재미있다, 착하다, 친절하다' 등의 낱말을 사용하여 소개할 수 있어요.			
3	1) '큰아버지, 사촌, 삼촌, 작은아버지, 고모, 이모, 외삼촌, 외사촌' 등 친척과 관련된 낱말을 사용하여 말할 수 있어요. 2) 친척을 만나서 한 일을 말할 수 있어요.			
4	1) '배우다, 복습하다, 예습하다, 수업, 시간, 숙제' 등 학습과 관련된 낱말을 사용하여 말할 수 있어요. 2) '-은 것'을 사용하여 "○○ 수업 시간에 -은 것이 기억이 남아요."와 같이 말할 수 있어요.			
5	1) '봄, 여름, 가을, 겨울, 계절, 꽃이 피다, 단풍이 들다, 따뜻하다, 춥다, 덥다, 쌀쌀하다, 비가 오다, 눈이 오다, 바람이 불다' 등 날씨와 계절과 관련된 낱말을 사용하여 말할 수 있어요. 2) '-어서, -을 수 있다'를 사용하여 말할 수 있어요.			
6	1) '티셔츠, 반바지, 운동화, 속옷, 양말, 모자, 우산, 휴지, 휴대 전화, 수영복, 수영모, 물안경, 튜브' 등의 낱말을 사용하여 말할 수 있어요. 2) '이랑'을 사용하여 말할 수 있어요.			
7	1) '짜다, 달다, 시다, 맵다, 싱겁다' 등 맛과 관련된 낱말을 사용하여 말할 수 있어요. 2) '덜다, 찍다, 뿌리다, 비비다' 등 음식 먹는 방법과 관련된 낱말을 사용하여 말할 수 있어요. 3) '-어 보다, -는/은'을 사용하여 말할 수 있어요.			
8	1) 각 문항의 물건 값이 얼마인지 정확하게 말할 수 있어요. 2) '이, 삼, 오, 육, 백, 천, 만' 등의 숫자를 말할 수 있어요.			
9	1) '시장, 채소, 과일, 생선, 꽃, 옷' 등의 물건 이름을 말하고 슈퍼마켓이나 백화점과 비교하여 말할 수 있어요. 2) '보다, -어 보다'를 사용하여 말할 수 있어요.			
10	1) '어른, 수저, 들다, 기다리다, 일어나다' 등의 낱말을 사용하여 말할 수 있어요. 2) '-어야 하다, -기 전에' 등을 사용하여 말할 수 있어요.			

차례

1 보건실

1. 알맞은 낱말을 골라 써 봅시다.

귀 눈 발 배 손 입 코 팔
다리 머리 무릎 어깨 허리

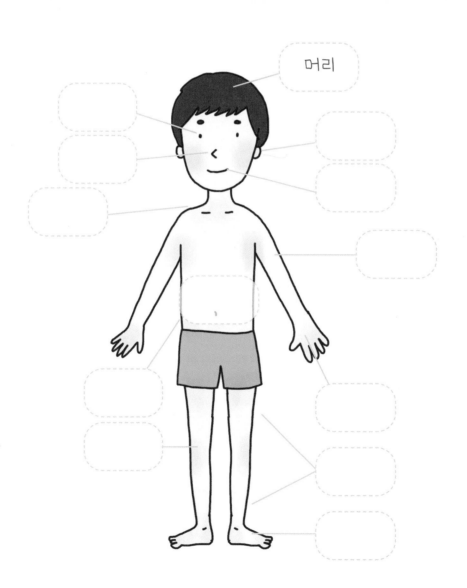

머리

2. 〈보기〉와 같이 써 봅시다.

어디가 아파요?

목   배   팔   어깨

〈보기〉

선생님: 어디가 아파요?

타이선: <u>어깨가 아파요.</u>

① 선생님: 어디가 아파요?

타이선: _____.

② 선생님: 어디가 아파요?

타이선: _____.

③ 선생님: 어디가 아파요?

타이선: _____.

3. 글을 읽고 그림을 그려 봅시다.

① 얼굴은 동그란 모양이에요.
② 머리 위쪽에 귀가 길게 2개 있어요.
③ 눈은 3개고 아주 커요.
④ 눈 아래에 코가 있어요.
⑤ 팔이 길고 4개예요.
⑥ 다리는 1개예요.

1. 알맞은 것을 연결해 봅시다.

①   넘어지다

②   손을 베이다

③   손을 데다

④   뛰다

⑤   발목을 삐다

⑥   철봉에 매달리다

2. 써 봅시다.

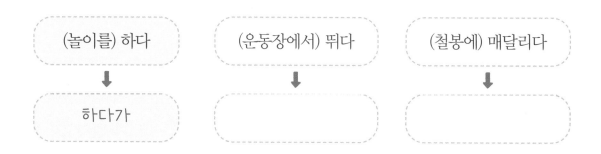

(놀이를) 하다 → 하다가

(운동장에서) 뛰다 →

(철봉에) 매달리다 →

3. 〈보기〉와 같이 써 봅시다.

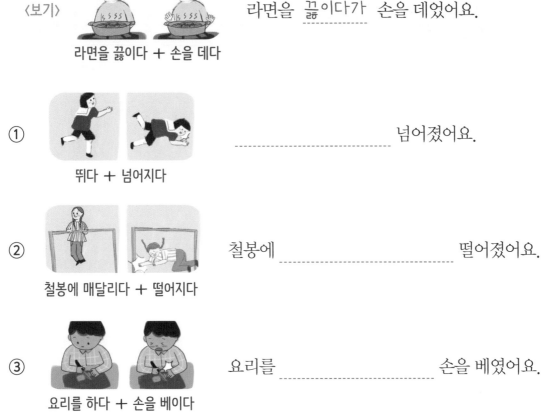

〈보기〉 라면을 끓이다 + 손을 데다

라면을 <u>끓이다가</u> 손을 데었어요.

① 뛰다 + 넘어지다

_____ 넘어졌어요.

② 철봉에 매달리다 + 떨어지다

철봉에 _____ 떨어졌어요.

③ 요리를 하다 + 손을 베이다

요리를 _____ 손을 베였어요.

4. 알맞은 말을 골라 써 봅시다.

뛰다
넘어지다
손을 데다
발목을 삐다
자전거를 타다
철봉에 매달리다

① 자전거를 타다가 <u>넘어졌어요.</u>

② 축구를 하다가 _____ .

③ 요리를 하다가 _____ .

④ _____ 넘어졌어요.

⑤ _____ 돌에 부딪혔어요.

⑥ _____ 바닥에 떨어졌어요.

3 증상

1. 알맞은 것을 연결해 봅시다.

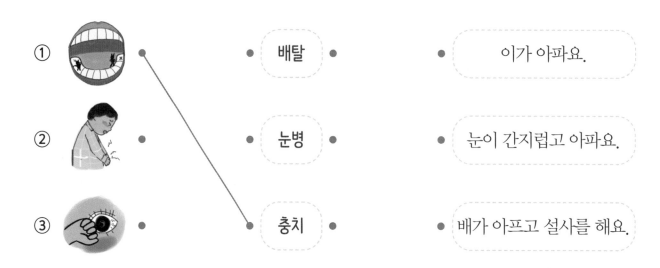

2. 알맞은 말을 써 봅시다.

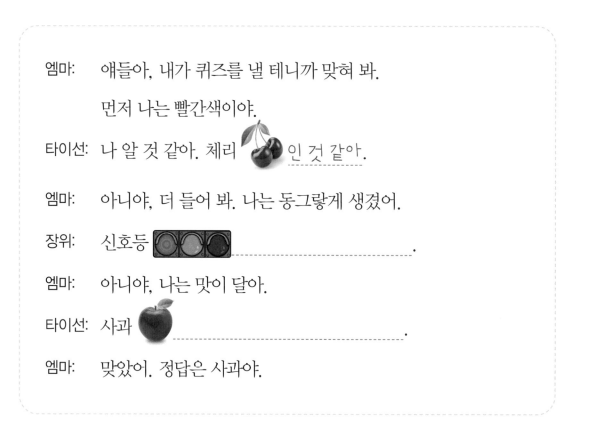

엠마: 얘들아, 내가 퀴즈를 낼 테니까 맞혀 봐.

먼저 나는 빨간색이야.

타이선: 나 알 것 같아. 체리 🍒 인 것 같아.

엠마: 아니야, 더 들어 봐. 나는 동그랗게 생겼어.

장위: 신호등 ⬤⬤⬤ _____.

엠마: 아니야, 나는 맛이 달아.

타이선: 사과 🍎 _____.

엠마: 맞았어. 정답은 사과야.

3. 〈보기〉와 같이 써 봅시다.

1) 문장을 이어 써 보세요.

〈보기〉 **감기**   계속 기침을 하는 걸 보니 <u>감기인 것 같아</u>.

① **배탈**   배가 아프고 설사를 하는 걸 보니 _____.

② **충치**   이가 아픈 걸 보니 _____.

2) 문장의 앞부분을 써 보세요.

〈보기〉 **배탈**   <u>배탈인 것 같은데</u> 따뜻한 물을 마셔.

① **눈병**   _____ 병원에 가 봐.

② **감기**   _____ 좀 쉬는 게 좋겠어.

4. 알맞은 말을 골라 써 봅시다.

충치인 것 같은데   눈병인 것 같은데   감기인 것 같은데
병원에 가 봐.   병원에 가 봐.   약을 먹어 봐.

① 타이선: 엠마, 너 눈이 빨개.

  엠마: 나 어제부터 눈이 자꾸 간지러워.

  타이선: _____

  _____.

② 엠마: 장위, 어디가 아파?

  장위: 응, 열이 나고 기침도 나.

  엠마: _____

  _____.

4 병원

1. 의사 선생님이 뭐라고 했어요? 연결해 봅시다.

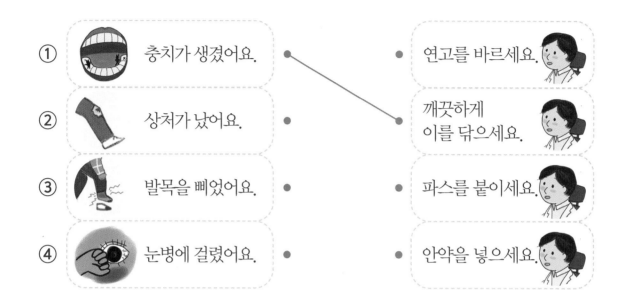

① 충치가 생겼어요. —————— 연고를 바르세요.

② 상처가 났어요. 깨끗하게 이를 닦으세요.

③ 발목을 삐었어요. 파스를 붙이세요.

④ 눈병에 걸렸어요. 안약을 넣으세요.

2. 써 봅시다.

하루 ➡ 하루에	일주일 ➡	3일 ➡

3. 질문에 대답을 써 봅시다.

① 하루에 몇 번 밥을 먹어요? 밥은 하루에 ＿＿＿ 번 먹어요.

② 하루에 몇 번 물을 마셔요? 물은 하루에 ＿＿＿ 번 마셔요.

③ 하루에 몇 번 놀이터에 가요? 놀이터는 하루에 ＿＿＿ 번 가요.

④ 하루에 몇 번 화장실에 가요? 화장실은 하루에 ＿＿＿ 번 가요.

⑤ 과일은 언제 먹어요? 과일은 ＿＿＿ 에 ＿＿＿ 번 먹어요.

⑥ 놀이공원은 언제 가요? 놀이공원은 ＿＿＿ 에 한 번 가요.

4. 써 봅시다.

(밥을) 먹다 → 먹은 다음에

(손을) 씻다 →

(책을) 읽다 →

(놀이를) 하다 → 한 다음에

(연고를) 바르다 →

(파스를) 붙이다 →

5. 〈보기〉와 같이 써 봅시다.

〈보기〉   소독을 하다 + 연고를 바르다 ➡ 소독을 <u>한 다음에</u> 연고를 발라요.

① 이를 닦다 + 밥을 먹다 ➡ 이를 _____ 밥을 먹어요.

② 밥을 먹다 + 약을 먹다 ➡ 밥을 _____ 약을 먹어요.

③ 손을 씻다 + 밥을 먹다 ➡ 손을 _____ 밥을 먹어요.

6. 의사 선생님의 말을 써 봅시다.

상처 - 하루 3번, 손 씻고 연고 바르기

타이선, 하루에 _____,
손을 씻은 _____
연고를 바르세요.

글씨 연습

● 글씨를 바르게 써 봅시다.

충	치

치	과

배	탈

눈	병

이	를	닦	다

넘	어	지	다

상	처

요	리	하	다	가		손	을		베	였	어	요	.

여	기	에		연	고	를		바	르	세	요	.

눈이 간지럽고 아파요.

눈병인 것 같은데 병원에 가요. 하루에 두 번 안약을 넣어요.

이가 아파서 밥을 못 먹겠어요. 충치인 것 같은데 치과에 가요. 밥을 먹은 다음에 이를 닦아요.

2 취미 생활

1 할 수 있는 일

1. 알맞은 말을 골라 써 봅시다.

수영을   기타를   단소를

피아노를   (자전거를)   배드민턴을

(타다)   치다   불다   하다

① 자전거를 타다

② _____ _____

③ _____ _____

④ _____ _____

⑤ _____ _____

⑥ _____ _____

✏ 배드민턴을 치다, 단소를 불다
📚 -을 줄 알다/모르다

● 〈의사소통 한국어 3〉 36~37쪽

2. 써 봅시다.

(한자를) 읽다	(돈을) 찾다	(리코더를) 불다
↓	↓	↓
읽을 줄 알다		

(자전거를) 타다	(피아노를) 치다	(수영을) 하다
↓	↓	↓
탈 줄 알다		

3. 〈보기〉와 같이 써 봅시다.

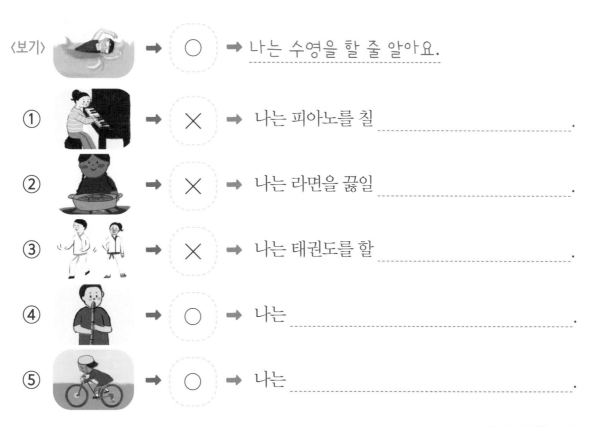

〈보기〉 → ○ → 나는 수영을 할 줄 알아요.

① → × → 나는 피아노를 칠 _____ .

② → × → 나는 라면을 끓일 _____ .

③ → × → 나는 태권도를 할 _____ .

④ → ○ → 나는 _____ .

⑤ → ○ → 나는 _____ .

2 배우고 싶은 것

1. 써 봅시다.

(집에) 가다   (점심을) 먹다   (숙제를) 하다

↓   ↓   ↓

가자마자

2. 〈보기〉와 같이 써 봅시다.

가	나	다	라	마
수업이 끝나다	집에 가다	세수를 하다	간식을 먹다	숙제를 하다

〈보기〉   **가** ➡ **나** ➡ 수업이 <u>끝나자마자</u> 집에 갔어요.

①   **나** ➡ **다** ➡ 집에 _____ 세수를 했어요.

②   **다** ➡ **라** ➡ 세수를 _____ 간식을 먹었어요.

③   **라** ➡ **마** ➡ _____.

3. 써 봅시다.

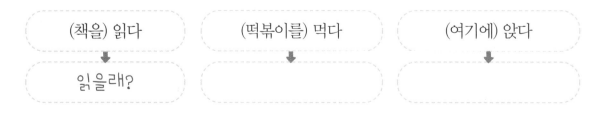

(책을) 읽다   (떡볶이를) 먹다   (여기에) 앉다

↓   ↓   ↓

읽을래?

(영화를) 보다	(축구를) 하다	(기타를) 치다
↓	↓	↓
볼래?		

4. 〈보기〉와 같이 써 봅시다.

〈보기〉 장위,
같이 숙제할래?

① 배드민턴을 치다   같이 배드민턴을 _____?

② 방송 댄스를 배우다   같이 방송 댄스를 _____?

③ 바이올린을 배우다   같이 _____?

④ 바둑을 두다   같이 _____?

⑤ 마술을 배우다   같이 _____?

3 경험한 일

1. 써 봅시다.

(양고기를) 먹다	(선물을) 받다	(물고기를) 잡다
↓	↓	↓
먹은 적이 있다		

(배를) 타다	(떡볶이를) 먹다	(고양이를) 키우다
↓	↓	↓
탄 적이 있다		

2. 〈보기〉와 같이 써 봅시다.

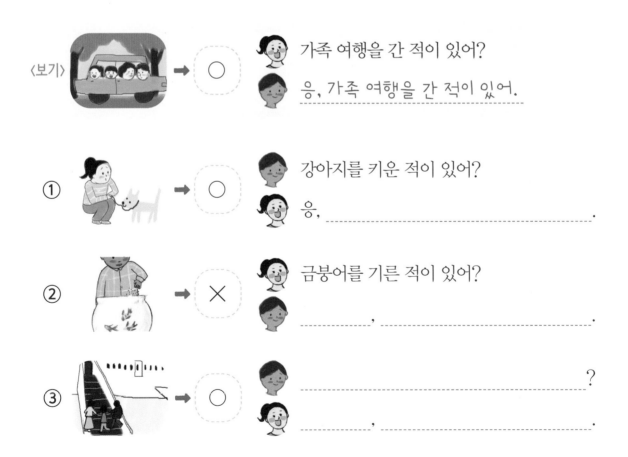

〈보기〉

가족 여행을 간 적이 있어?

응, 가족 여행을 간 적이 있어.

① 강아지를 키운 적이 있어?

응, _____.

② 금붕어를 기른 적이 있어?

_____, _____.

③ _____?

_____, _____.

3. 여러분은 무엇을 해 봤어요? 〈보기〉와 같이 여러분의 경험을 써 봅시다.

〈보기〉 ➡ ◯ ✕ ➡ <u>나는 태권도를 배운 적이 있어요.</u>

① ➡ ◯ ✕ ➡ 나는 가족 여행을 간 적이 _____

_____ .

② ➡ ◯ ✕ ➡ 나는 금붕어를 기른 _____

_____ .

③ ➡ ◯ ✕ ➡ 나는 기차를 _____

_____ .

④ ➡ ◯ ✕ ➡ 나는 강아지를 _____

_____ .

1. 여러분은 무엇을 할 수 있어요? 무엇을 해 봤어요? 〈보기〉와 같이 써 봅시다.

〈보기〉

나는 작년부터 피아노를 배우고 있어요. 그래서 피아노를 <u>칠 줄 알아요.</u>

전에 가족들 앞에서 피아노를 <u>친 적이 있어요.</u> 모두 박수를 치고 칭찬을

해 주셔서 기분이 참 좋았어요.

나는

2. 낱말을 찾아 써 봅시다.

피	기	타	마	술	학
아	배	드	민	턴	예
노	태	자	수	영	발
여	권	전	축	구	표
행	도	거	단	소	회

● 두 글자: 수 영 , ☐☐ , ☐☐ , ☐☐ ,

☐☐ , ☐☐

● 세 글자: ☐☐☐ , ☐☐☐ , ☐☐☐

● 네 글자: ☐☐☐☐

● 다섯 글자: ☐☐ ☐☐☐

글씨 연습

● 글씨를 바르게 써 봅시다.

배	드	민	턴

방	과	후	교	실

바	이	올	린

단	소	를	불	다

	나	는	피	아	노	를	칠	줄
알	아	요	.	하	지	만	기	타	는	칠
줄	몰	라	요	.				

다음 주에 학예 발표회가 있습니다. 저와 친구들은 같이 학예 발표회를 준비하고 있습니다. 준서와 저는 같이 태권도를 하기로 했습니다. 타이선은 방과 후 교실에서 배운 마술을 하기로 했습니다.

3 체험 학습

① 체험 학습 준비

1. 알맞은 낱말을 골라 써 봅시다.

날짜   장소   간식   준비물   돗자리   케이블카

    ①   ②   ③   ④   ⑤   ⑥

4학년 체험 학습

◯ : 서울 관광(남산, 경복궁)

◯ : 5월 17일 금요일

◯ : 도시락, 간식, 돗자리, 물

2. 써 봅시다.

친구 ➡ 친구하고 같이   동생 ➡

🖊 장소, 날짜, 준비물, 간식, 돗자리, 남산, 경복궁, 서울 관광, 케이블카

📋 하고 같이

● 〈의사소통 한국어 3〉 54~55쪽

3. 알맞은 낱말을 골라 써 봅시다.

뭐   언제   어디   준비물

가

① 다음 주에 체험 학습을 가요.

② 선생님, _____ 에 가요?

③ 남산하고 경복궁에 가요.

나

④ _____ 가요?

⑤ 5월 17일 금요일에 가요.

다

⑥ _____ 이 뭐예요?

⑦ 도시락하고 물이에요.

라

⑧ 가서 _____ 할 거예요?

⑨ 친구들하고 같이 경복궁을 구경할 거예요. 그리고 케이블카도 탈 거예요.

4. 위의 대화를 읽고 체험 학습 안내문을 써 봅시다.

체험 학습 안내문

● 장소:　남산，경복궁
_____

● 날짜:
_____

● 준비물:
_____

● 가서 할 일:
_____

2 체험 학습 모둠

1. <보기>와 같이 써 봅시다.

가   **나**

다 라

마 바

사 아

자 차

카 타

① 여자끼리 모둠을 만들어 보세요.

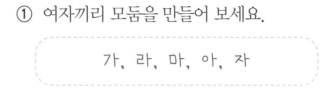
가, 라, 마, 아, 자

② 남자끼리 모둠을 만들어 보세요.

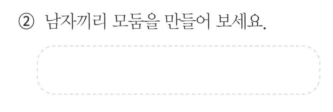

③ 남자 어른끼리 모둠을 만들어 보세요.

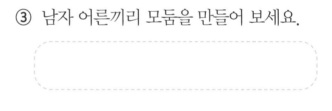

④ 동물끼리 모둠을 만들어 보세요.

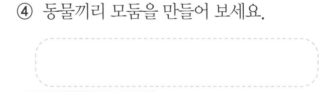

⑤ 여자아이와 동물을 섞어서 모둠을 만들어 보세요.

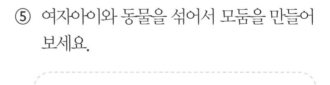

⑥ 남자아이와 여자 어른을 섞어서 모둠을 만들어 보세요.

2. 알맞은 것을 연결하고 써 봅시다.

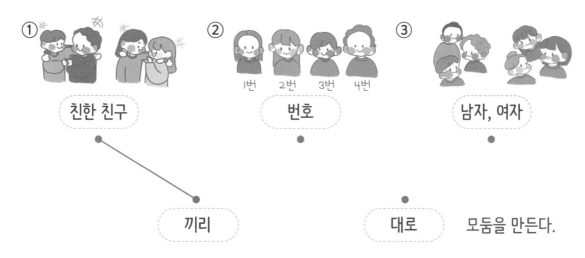

① 친한 친구

② 번호

③ 남자, 여자

끼리

대로   모둠을 만든다.

① 체험 학습을 갈 때 친한 친구<u>끼리</u> 모둠을 만들고 싶어요.

② 체험 학습을 갈 때 번호 _____ 모둠을 만들고 싶어요.

③ 체험 학습을 갈 때 남자는 남자 _____, 여자는 여자 _____ 모둠을
   만들고 싶어요.

3. 맞는 것을 골라 봅시다.

①  키가 작은 순서 [끼리   대로] 한 줄로 서세요.

②  오늘부터 일주일 동안 우리 가족 [끼리   대로] 여행을 갑니다.

③  꽃 이름을 순서 [끼리   대로] 말해 주세요.

④  사과는 사과 [끼리   대로], 귤은 귤 [끼리   대로]
   모아 놓았어요.

1. 친구들은 어떤 행동을 합니까? 그림을 보고 연결해 봅시다.

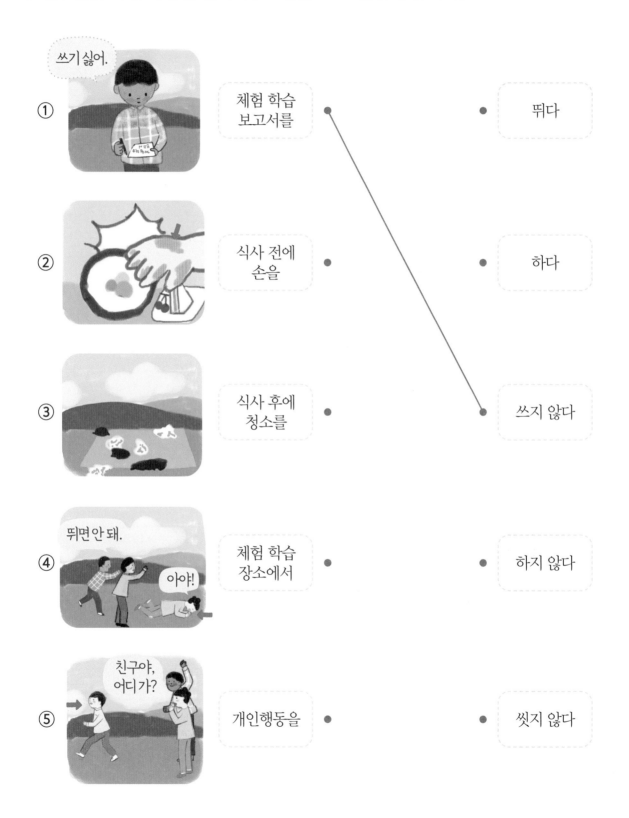

2. 친구들은 어떻게 해야 합니까? 〈보기〉와 같이 써 봅시다.

〈보기〉

식사 전에 손을 씻지 않다

➡ 식사 전에 손을 씻겠습니다.

①

식사 후에 청소를 하지 않다

➡ 식사 후에 청소를 ⎯⎯⎯⎯⎯⎯⎯⎯⎯⎯⎯⎯ .

②

쓰기 싫어.

체험 학습 보고서를 쓰지 않다

➡ 체험 학습 보고서를 ⎯⎯⎯⎯⎯⎯⎯⎯⎯⎯⎯⎯ .

③

뛰면 안 돼.

아야!

체험 학습 장소에서 뛰다

➡ 체험 학습 장소에서 ⎯⎯⎯⎯⎯⎯⎯⎯⎯⎯⎯⎯ .

④

친구야, 어디가?

개인행동을 하다

➡ 개인행동을 ⎯⎯⎯⎯⎯⎯⎯⎯⎯⎯⎯⎯ .

1. 알맞은 낱말을 골라 써 봅시다.

신났어요   무서웠어요   신기했어요   귀여웠어요

과학관에서 태풍 체험을 했어요.

태풍이 너무 세서 무서웠어요.

망원경으로 태양을 관찰했어요. 처음 태양을 보았는데

정말 _____.

로봇들이 신나는 음악과 함께 춤을 추었어요.

로봇이 작아서 아주 _____.

과학관에서 자동차 체험을 했어요. 자동차가 빨라서

아주 재미있고 _____.

2. 알맞은 낱말을 찾아서 색칠해 봅시다.

① 1번, 2번, 3번: | ㅂ | ㅎ |

② | ㅁ | ㅇ | ㄱ | 으로 하늘에 있는 태양을 관찰했어요.

③ 체험 학습을 갈 때 도시락과 | ㄱ | ㅅ | 을 가지고 오세요.

④ 체험 학습 장소에서 꼭 | ㅈ | ㅅ | 를 지켜야 합니다.

⑤ 매일 깨끗하게 방을 | ㅊ | ㅅ | 합니다.

⑥ 체험 학습을 갈 때 친한 친구끼리 | ㅁ | ㄷ | 을 만들었어요.

⑦ | ㅌ | ㅍ | 때문에 바람이 불고 비가 많이 와요.

마	망	원	경	난	국	수
당	간	식	보	일	청	소
마	음	공	트	①번	호	각
남	공	트	부	탁	추	충
아	원	태	풍	구	수	성
모	둠	자	우	주	질	서

글씨 연습

● 글씨를 바르게 써 봅시다.

돗	자	리

서	울

관	광

준	비	물

남	자	와		여	자	를		섞	다	.

	선	생	님	,	남	자	는		남	자	끼	리	,
여	자	는		여	자	끼	리		모	둠	을		
만	들	어		주	세	요	.						

친구들하고　같이　과학관
에　갔다.　로봇들이　춤을
추었는데　정말　귀여웠다.
자동차　체험도　했는데　아
주　재미있었다.　망원경으로
태양을　관찰했는데　정말
신기했다.　과학관에　또　가
고　싶다.

4 숙제

① 알림장

1. 알림장에 무엇이 있어요? 색칠해 봅시다.

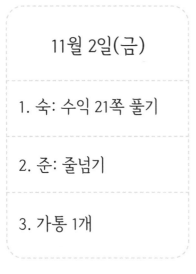

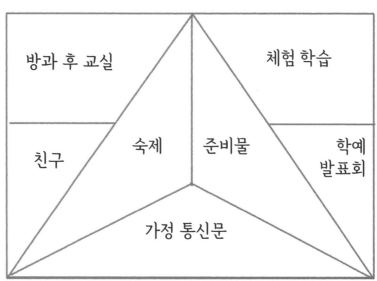

2. 선생님의 말씀을 읽은 다음에 써 봅시다.

1) 선생님 말씀을
   소리 내어 읽어 보세요.

   > 여러분, 수학 익힘책 24쪽부터 26쪽을 풀어 오세요.
   > 그리고 가정 통신문이 1개 있어요.
   > 내일 준비물은 줄넘기예요. 꼭 가지고 오세요.

2) 선생님께서 뭐라고 하셨어요? 알림장을 써 보세요.

   1. 숙: _____

   2. _____

   3. 준: _____

3. 알림장을 읽고, 아래 그림에서 숙제를 찾아 ○표 해 봅시다.

9월 21일(금)	선생님 확인	부모님 확인
	참! 잘했어요	
1. 숙1: 책 읽기 30분		
2. 숙2: 일기		
3. 준: 리코더		
4. 가통 1개		

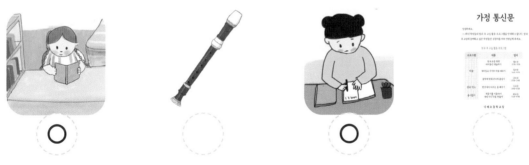

○　　　　　　　　　　　○

4. 위의 알림장을 읽고 친구에게 하는 말을 써 봅시다.

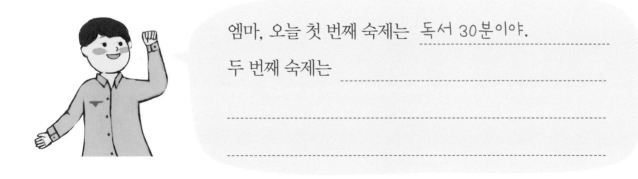

엠마, 오늘 첫 번째 숙제는 　독서 30분이야.

두 번째 숙제는 _____

_____

_____

2 오늘의 숙제

1. 알맞은 것을 골라 봅시다.

① 오늘 숙제를 많이 해서 ⟨피곤해요⟩ 무서워요 .

② 숙제를 안 해서 선생님께 혼났어요 놀았어요 .

③ 어젯밤에 잠을 못 자서 졸려요 기뻐요 .

④ 아침에 늦게 일어나서 시간이 많아요 시간이 없어요 .

⑤ 놀이터에서 자고 싶어요 놀고 싶어요 .

⑥ 밤에 혼자 다니면 미워요 무서워요 .

2. 써 봅시다.

(숙제가) 없다 ➡ 없어도	(밥을) 만들다 ➡
(손을) 잡다 ➡ 잡아도	(창문을) 닦다 ➡
(매우) 피곤하다 ➡ 피곤해도	(열심히) 공부하다 ➡

3. ⟨보기⟩와 같이 써 봅시다.

⟨보기⟩ 피곤하다 ➡ 아무리 피곤해도   ③ 시간이 없다 ➡ 아무리 _____

① 혼나다 ➡ 아무리 _____   ④ 놀고 싶다 ➡ 아무리 _____

② 무섭다 ➡ 아무리 _____   ⑤ 졸리다 ➡ 아무리 _____

4. 알맞은 것을 연결하고 읽어 봅시다.

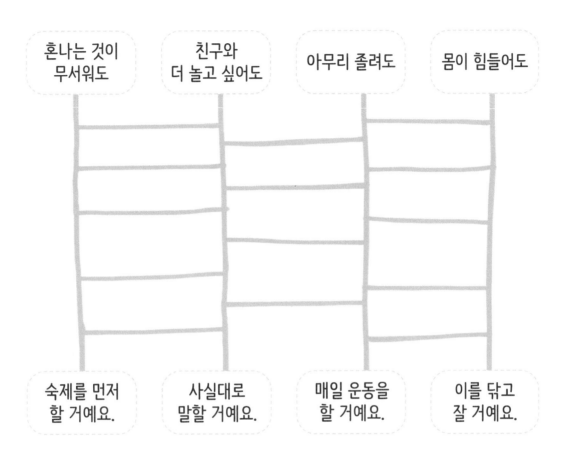

5. 〈보기〉와 같이 써 봅시다.

〈보기〉　나는 힘들어도 <u>친구를 도와줄 거예요.</u>

① 나는 배가 불러도 _____.

② 나는 아무리 졸려도 _____.

③ 나는 아무리 피곤해도 _____.

④ 나는 _____.

1. 써 봅시다.

(숙제를) 하다 ➡ 하는 동안에 │ (잠을) 자다 ➡

2. 준서의 일기를 읽고 물음에 답해 봅시다.

5월 7일(수)   날씨: ☀

선생님께서 '면담하기' 모둠 숙제를 내 주셨다. 우리 모둠은 소방관 아저씨를 면담 하기로 했다. 우리는 질문할 사람, 사진 찍을 사람, 내용을 적을 사람을 정했다. 타이선이 "내가 질문을 할게."라고 말했다. 그래서 타이선이 질문하는 동안에 나는 내용을 적기로 했다. 우리가 질문을 하고 내용을 적는 동안에 장위는 사진을 찍기로 했다.

□ㅇ□ㅎ□ 을 다 정하니까 빨리 면담을 하고 싶다.

1) □ㅇ□ㅎ□ 에 들어갈 말은 무엇인지 쓰세요.   □□

2) 타이선, 준서, 장위가 하는 일을 연결하세요.

① 타이선 ●━━━━━━━━● 질문하기

② 나(준서) ●   ● 사진 찍기

③ 장위 ●   ● 내용 적기

3) 친구들이 하는 일을 써 보세요.

① 타이선이 질문을 하는 동안에 나는 내용을 적기로 했어요.

② 내가 ＿＿＿＿＿＿＿＿＿＿＿＿＿ 장위는 사진을 찍기로 했어요.

③ 장위가 ＿＿＿＿＿＿＿＿＿＿＿＿＿ 타이선이 질문하기로 했어요.

3. 면담을 할 때 필요한 역할에는 무엇이 있어요? 〈보기〉에서 찾아 연결해 봅시다.

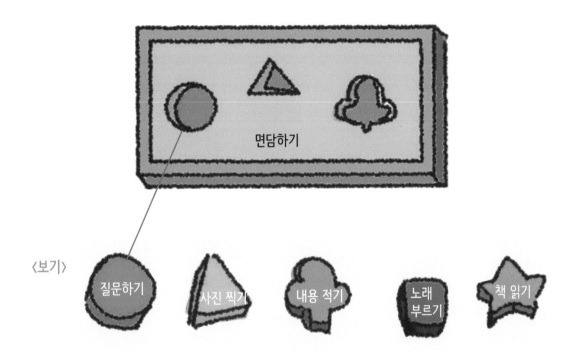

4. 〈보기〉와 같이 써 봅시다.

모둠 숙제	조사한 내용 발표하기 (파워포인트)	
역할	사진 찾기	타이선
	음악 찾기	장위
	파워포인트 만들기	준서
	발표문 쓰기	엠마

〈보기〉

타이선이 사진을 찾는 동안에

장위는 음악을 찾아요.

① 준서가 파워포인트를 ⎯⎯⎯⎯⎯⎯⎯⎯⎯⎯⎯⎯⎯⎯⎯⎯   타이선은 사진을 찾아요.

② 장위가 음악을 ⎯⎯⎯⎯⎯⎯⎯⎯⎯⎯⎯⎯⎯⎯⎯⎯⎯   준서는 파워포인트를 만들어요.

③ 타이선이 사진을 ⎯⎯⎯⎯⎯⎯⎯⎯⎯⎯⎯⎯⎯⎯⎯   엠마는 발표문을 써요.

4 숙제 검사

1. 선생님께서 뭐라고 하셨어요? 알맞은 것을 연결해 봅시다.

청소를
같이 하자. •

청소를
다 했니? •

• 선생님께서 청소를
다 했냐고 하셨어.

• 선생님께서 청소를
같이 하자고 하셨어.

2. 써 봅시다.

(집에) 가다 ➡ 가냐고	(숙제가) 없다 ➡
(밥을) 먹다 ➡ 먹자고 하다	(집에) 가다 ➡

3. 알맞은 말을 골라 봅시다.

① 엠마, 우리 같이 영화 보러 가자.
다니엘이 같이 영화 보러 ⟨ **가자고** 가냐고 ⟩ 했어요.

② 엠마, 오늘 놀이터 가?
다니엘이 오늘 놀이터 ⟨ 가자고 **가냐고** ⟩ 했어요.

③ 엠마, 넌 누구를 제일 좋아해?
다니엘이 누구를 제일 ⟨ 좋아하자고 **좋아하냐고** ⟩ 했어요.

④ 엠마, 밥 먹자.
다니엘이 밥 ⟨ **먹자고** 먹냐고 ⟩ 했어요.

4. 친구의 말을 다른 사람에게 전해 봅시다.

① 수업 마치고 같이 놀자. ➡ 다니엘이 수업 마치고 같이 <u>놀자고</u> 했어요.

② 같이 수영장 가자. ➡ 엠마가 같이 수영장에 _____ 했어요.

③ 내일 숙제 있어? ➡ 다니엘이 내일 숙제 _____ 했어요.

④ 숙제 다 했어? ➡ 엠마가 _____ 했어요.

5. 밑줄 친 부분을 고쳐 써 봅시다.

1) 과학책 있어? 우리 도서관에 가서 빌리자.

① 다니엘이 과학책 <u>있자고</u> 했어요. ➡ <u>있냐고</u>

② 다니엘이 도서관에 가서 <u>빌리냐고</u> 했어요. ➡ _____

2) 아이스크림 좋아해? 나랑 같이 먹자.

① 엠마가 아이스크림 <u>좋아하자고</u> 했어요. ➡ _____

② 엠마가 아이스크림을 같이 <u>먹냐고</u> 했어요. ➡ _____

글씨 연습

● 글씨를 바르게 써 봅시다.

숙	제

알	림	장

확	인

검	사

준	비	물

역	할

문	제	를		풀	다

	타	이	선	이		질	문	하	는		동	안
에		내	가		사	진	을		찍	을	게	.
준	서	는		내	용	을		적	어	.		

준서가 피곤해서 숙제를
안 하고 잤어요. 다음 날
선생님께 혼났어요. 나는
아무리 피곤해도 숙제를
할 거예요.

준서가 아무리 졸려도 숙
제를 해요. 그래서 기분이
좋아요.

5 규칙

1. 알맞은 말을 찾아서 〈보기〉와 같이 써 봅시다.

나무에   자전거를   꺾다   타다

버리다

쓰레기를   부르다

꽃을   노래를   올라가다

〈보기〉   ➡ 나무에 올라가다.

① ➡ 자전거를 _____.

② ➡ 쓰레기를 _____.

③ ➡ 꽃을 _____.

④ ➡ 큰 소리로 _____.

✏ 나무에 올라가다, 쓰레기를 버리다, 꽃을 꺾다, 노래를 부르다

🔖 -으면 안 되다

● 〈의사소통 한국어 3〉 90~91쪽

2. 써 봅시다.

(이 음식을) 먹다	(문을) 닫다	(꽃을) 꺾다
↓	↓	↓
먹으면 안 되다		

(혼자서) 가다	(늦게) 오다	(쓰레기를) 버리다
↓	↓	↓
가면 안 되다		

3. 다음은 무슨 뜻일까요? 〈보기〉와 같이 써 봅시다.

〈보기〉 ➡ 나무에 올라가면 안 돼요.

① ➡ 자전거를 _____ 안 돼요.

② ➡ 쓰레기를 _____ 안 돼요.

③ ➡ 꽃을 _____ .

④ ➡ 큰 소리로 _____ .

2 학교에서 지켜야 할 규칙

1. 써 봅시다.

(점심을) 먹다 ➡ 먹는다고 하다 | (태권도를) 배우다 ➡

2. 선생님께서 뭐라고 하셨어요? 〈보기〉와 같이 써 봅시다.

〈보기〉 "계단에서 뛰면 안 돼요."

선생님께서 <u>계단에서 뛰면 안 된다고</u> 하셨어.

① "운동장에 쓰레기를 버리면 안 돼요."

선생님께서 _____ _____ 하셨어.

② "도서관은 3시에 문을 닫아요."

선생님께서 _____ _____ 하셨어.

3. 써 봅시다.

(책을) 읽다 ➡ 읽으라고 하다 | (이름을) 쓰다 ➡

4. 선생님께서 뭐라고 하셨어요? 〈보기〉와 같이 써 봅시다.

〈보기〉

책을 읽으세요.

①

교실에서
조용히 하세요.

②

친구와 사이좋게
지내세요.

〈보기〉   선생님께서 책을 읽으라고 하셨어요.

① 선생님께서 교실에서 조용히 _____ 하셨어요.

② 선생님께서 친구와 사이좋게 _____ 하셨어요.

5. 유키가 뭐라고 했어요? 〈보기〉와 같이 써 봅시다.

〈보기〉

손을 잡아.

①

안전벨트를 매.

②

의자에
바르게 앉아.

〈보기〉   유키가 손을 잡으라고   했어요.

① 유키가 안전벨트를 _____ 했어요.

② 유키가 _____ 했어요.

3 급식실에서 지켜야 할 규칙

1. 그림을 보고 알맞은 말을 연결해 봅시다.

① 손을 · · 받다

· · 씻다

② 줄을 ·

③ 양치질을 · · 서다

④ 친구들과 맛있게 · · 놓다

⑤ 급식을 · · 하다

⑥ 수저와 식판을 정해진 곳에 · · 먹다

2. 써 봅시다.

(밥을) 먹다	(손을) 씻다	(편지를) 쓰다
↓	↓	↓
먹고 나서		

3. 다음 글을 읽고 순서대로 써 봅시다.

점심시간이 됐습니다. 급식실에 가기 전에 손을 씻었습니다. 그리고 줄을 섰습니다. 우리는 차례대로 급식을 받았습니다. 친구들하고 맛있게 먹었습니다. 다 먹은 후에 수저와 식판을 정해진 곳에 놓았습니다. 그리고 양치질을 했습니다. 우리는 즐겁게 이야기를 하면서 교실로 돌아갔습니다.

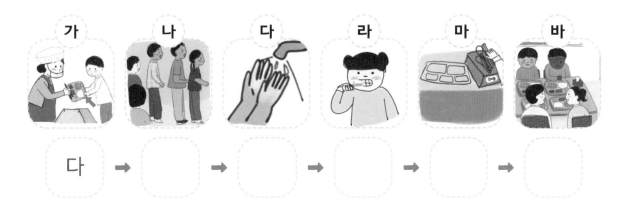

다 ➡ ☐ ➡ ☐ ➡ ☐ ➡ ☐ ➡ ☐

4. 위의 이야기에 맞게 〈보기〉와 같이 써 봅시다.

〈보기〉 **다** ➡ **나** ➡ 손을 <u>씻고 나서</u> 줄을 섰습니다.

① **가** ➡ **바** ➡ 급식을 _____ 친구들과 맛있게 먹었습니다.

② **마** ➡ **라** ➡ 식판을 _____ 양치질을 했습니다.

4 박물관에서 지켜야 할 규칙

1. 선생님께서 뭐라고 하셨어요? 친구에게 말해 봅시다.

내일 박물관에 견학을 갑니다.
도시락을 싸 오세요.
필기도구를 챙겨 오세요.
박물관에서 뛰어다니면 안 돼요.
그리고 시끄럽게 떠들면 안 돼요.

서영아, 선생님께서 뭐라고 하셨어?

내일 박물관에 견학을 <u>간다고</u> 하셨어.

도시락을 싸 _____ 하셨어.

필기도구를 챙겨 _____ 하셨어.

박물관에서 뛰어다니면 _____ 하셨어.

그리고 시끄럽게 떠들면 _____ 하셨어.

2. 낱말을 찾아 써 봅시다.

● 두 글자: 급 식 , ☐☐ , ☐☐ , ☐☐ , ☐☐

● 세 글자: ☐☐☐ , ☐☐☐

● 네 글자: ☐☐☐☐

글씨 연습

● 글씨를 바르게 써 봅시다.

필	기	도	구

쓰	레	기

급	식	실

박	물	관

도	시	락	을		싸	다

	선	생	님	께	서		내	일		박	물	관
에		간	다	고		하	셨	어	.	도	시	락
을		싸		오	라	고		하	셨	어	.	

급식실에　가기　전에　손
을　씻습니다.　그리고　줄을
섭니다.　차례대로　급식을
받고　나서　친구들과　맛있
게　먹습니다.　급식을　먹고
나서　수저와　식판을　정해
진　곳에　놓습니다.　그리고
양치질을　합니다.

6 통신

1 전화

1. (   ) 안의 말을 따라 써 봅시다.

서영이 어머니가 할머니께 (전화를 걸었어요).
(벨이 울리고) 할머니께서 (전화를 받으셨어요).
"여보세요."
"엄마, 잘 지내시죠?"
할머니와 어머니는 서로 (안부를 물었어요).

"그래, 너도 잘 지내지? 우리 서영이는 어떻게 지내니?"
"집에 있어요. 바꿔 드릴게요."
어머니는 서영이에게 (전화를 바꿔 주었어요).
"할머니, 그동안 안녕하셨어요?"

"그래, 서영아. 잘 지내지? 보고 싶구나."
"저도 할머니 보고 싶어요. 방학 때 할머니 댁에 놀러 갈게요."
"그래, 엄마 말씀 잘 듣고, 건강해라."
"네, 할머니도 건강하세요." 할머니께서 (전화를 끊으셨어요).

2. 위의 글을 읽고 맞으면 ○, 틀리면 ✕표 해 봅시다.

① 서영이 어머니가 할머니께 전화를 걸었어요.　　(　○　)

② 할머니는 서영이와 같이 살아요.　　(　　)

③ 어머니는 서영이에게 전화를 바꿔 주었어요.　　(　　)

④ 할머니께서 서영이 집에 오실 거예요.　　(　　)

전화를 걸다, 벨이 울리다, 전화를 받다, 통화하다, 전화를 바꿔 주다,
안부를 묻다, 전화를 끊다, 국제 전화 　 -거든　　　　　● 〈의사소통 한국어 3〉 108~109쪽

3. 써 봅시다.

(약이) 싫다	(밥을) 먹다	(잠을) 자다
↓	↓	↓
싫거든		

4. 〈보기〉와 같이 이유를 써 봅시다.

〈보기〉 수업 마치고 같이 못 놀아. (숙제를 해야 하다)
숙제를 해야 <u>하거든</u>.

① 주말에 할머니 댁에 가야 해. (가족 모임이 있다)
가족 모임이 _____.

② 문구점에 가야 해. (지우개를 잃어버렸다)
지우개를 _____.

③ 옷에 묻히지 않게 조심해야 해. (새 옷이다)
_____.

5. 타이선이 엄마에게 전화를 걸어 할 말을 써 봅시다.

학교를 마치고 집에 가려고 하는데, 엠마가 타이선을 붙잡으며 말했어요.
"타이선, 우리 집에 강아지 보러 갈래? 어제 강아지 샀거든."
"정말? 나 강아지 정말 좋아하는데. 그럼 잠깐만 기다려. 엄마에게 전화해 볼게."

 엄마, 오늘 엠마 집에 가서 놀다 가면 안 될까요?
_____ 거든요.

2 휴대 전화

1. 다음 글을 읽고 물음에 답해 봅시다.

타이선과 엠마가 운동장에서 이야기를 하고 있어요.

"엠마, 너 휴대 전화 새로 샀어?"

"응, 아빠한테 생일 선물로 휴대 전화를 사 달라고 했어."

새 휴대 전화를 보여 주며 엠마가 말했어요. 휴대 전화가 없는 타이선은 부러웠어요.

"좋겠다. 휴대 전화로 찍은 사진 좀 구경해도 돼?"

"어제 동생이 자꾸 사진을 찍어 달라고 해서 사진첩에 동생 사진만 잔뜩 있어."

정말 휴대 전화에는 엠마 동생의 사진만 가득 들어 있었어요.

"네 동생 정말 귀엽다. 너랑 닮았어."

"우리도 같이 사진 찍을래?"

"그래."

1) 누가 휴대 전화를 새로 샀어요? ---------------------------------------

2) 엠마의 휴대 전화에 동생 사진이 많은 이유가 무엇이에요?

　① 동생이 정말 귀여워서

　② 동생의 휴대 전화를 가지고 와서

　③ 동생이 자꾸 사진을 찍어 달라고 해서

3) 타이선과 엠마는 이제 어떤 행동을 할까요?

　① 엠마의 동생을 불러 같이 논다.

　② 엠마의 휴대 전화를 같이 구경한다.

　③ 엠마의 휴대 전화로 함께 사진을 찍는다.

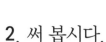
2. 써 봅시다.

(장난감을) 사다 ➡ 사 달라고 하다	(손을) 잡다 ➡
(모둠을) 만들다 ➡ 만들어 달라고 하다	(사진을) 찍다 ➡
(운동을) 하다 ➡ 해 달라고 하다	(정답을) 계산하다 ➡

3. 〈보기〉와 같이 써 봅시다.

〈보기〉 "서영아, 지우개 좀 빌려줘." ➡ 서영이에게 지우개 좀 빌려 달라고 했어요.

① "엄마, 맛있는 간식을 사 주세요."

➡ 엄마에게 맛있는 간식을 _____ 했어요.

② "아빠, 같이 놀이공원에 가 주세요."

➡ 아빠에게 같이 놀이공원에 _____ 했어요.

4. 〈보기〉와 같이 써 봅시다.

① "곱셈 계산을 해 줘."

➡ 타이선이 곱셈 계산을 해 달라고 했어.

② "전화를 해 줘."

➡ 타이선이 전화를 _____ 했어.

③ "문자 메시지를 보내 줘."

➡ 엠마가 문자 메시지를 _____ 했어.

1. 인터넷으로 대화를 할 때 어떻게 해야 해요? 모두 골라서 색칠해 봅시다.

2. 친구의 글에 댓글을 써 봅시다.

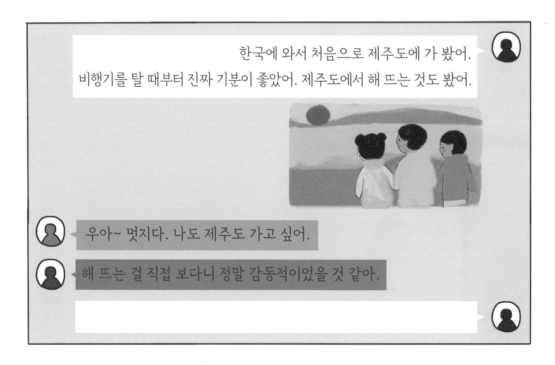

3. 써 봅시다.

(손을) 잡다 ➡ 잡으면 어떡해.   (크게) 웃다 ➡

(갑자기) 멈추다 ➡ 멈추면 어떡해.   (집에) 가다 ➡

(빨리) 돌다 ➡ 돌아야지.   (손을) 잡다 ➡

(열심히) 공부하다 ➡ 공부해야지.   (정확하게) 계산하다 ➡

4. 〈보기〉와 같이 써 봅시다.

나쁜 말을 하다(×) – 예쁜 말을 하다(○)

〈보기〉　나쁜 말을 하면 어떡해.
　　　　예쁜 말을 해야지.

① 맞춤법을 틀리게 쓰다(×) – 정확하게 쓰다(○)

　맞춤법을 틀리게 _____.
　정확하게 _____.

② 계속 ㅋㅋㅋㅋ만 하다(×) – 질문에 대답을 하다(○)

　계속 ㅋㅋㅋㅋ만 _____.
　_____.

③ 한 사람을 따돌리다(×) – 사이좋게 지내다(○)

　한 사람을 _____.
　사이좋게 _____.

4 휴대 전화 사용 예절

1. 다음 물음에 답해 봅시다.

1) 그림을 보고 어울리는 것을 연결해 보세요.

영화관에서는   버스에서는   수업 시간에는   길을 걸을 때는

휴대 전화를 보지 마세요.   휴대 전화를 꺼내지 마세요.   작은 소리로 통화해 주세요.   휴대 전화를 꺼 주세요.

2) 연결한 것을 써 보세요.

① 영화관에서는 휴대 전화를 꺼 주세요.

② 버스에서는

③

④

2. 어디에서 큰 소리로 전화 통화를 하면 안 돼요?
모두 골라서 색칠해 봅시다.

공중
화장실
내 방
지하철
영화관
교실
미술관
우리 집
거실
버스

3. 미술관에서 어떤 예절을 지켜야 해요? 바른 예절에 ○표 해 봅시다.

① 큰 소리로 통화하지 않아요.   (○   )

② 마음대로 사진을 찍어요.   (   )

③ 조용히 작품을 감상해요.   (   )

④ 마음에 드는 작품을 손으로 만져요.   (   )

4. 휴대 전화를 사용할 때 지킬 내용을 써 봅시다.

나 (   )은/는 휴대 전화를 사용할 때

다음을 잘 지키겠습니다.

1. 하루에 _____ 시간만 사용하겠습니다.

2. _____

3. _____

                20   년   월   일

글씨 연습

● 글씨를 바르게 써 봅시다.

휴	대		전	화

인	터	넷	예	절

문	자		메	시	지

안	부	를		묻	다

	나	쁜		말	을		하	거	나		욕	을
하	면		어	떡	해	.	바	른		말	을	
해	야	지	.									

영화관에서는 휴대 전화를 꺼 주세요. 버스에서는 작은 소리로 통화해 주세요. 수업 시간에는 휴대 전화를 꺼내지 마세요. 길을 걸을 때는 휴대 전화를 보지 마세요. 휴대 전화를 보면 위험해요.

1 우리 이웃의 직업

1. 알맞은 낱말을 골라 써 봅시다.

의사   경찰관   소방관   간호사   선생님   요리사   회사원

① 가 _____의사_____   ② _____   ③ _____

   나 _____

④ _____   ⑤ _____   ⑥ _____

경찰관, 도둑을 잡다, 의사, 치료하다, 간호사, 가르치다,
회사원, 일하다, 소방관, 불을 끄다

● 〈의사소통 한국어 3〉 126~127쪽

2. 어울리는 것을 연결해 봅시다.

① 아픈 사람들을		일해요
② 회사에서		도와줘요
③ 불을		치료해요
④ 학생들을		가르쳐요
⑤ 병을		만들어요
⑥ 맛있는 음식을		꺼요
⑦ 도둑을		잡아요

나의 꿈

1. 써 봅시다.

아빠처럼 | 엄마 ➡   오빠 ➡

2. 아이들의 꿈은 무엇입니까? 〈보기〉와 같이 써 봅시다.

〈보기〉 아빠: 선생님

아이: 저는 아빠처럼 선생님이 되고 싶어요.

① 이모: 의사

아이: 저는 _____ 처럼 _____ 가 되고 싶어요.

② 형: 간호사

아이: 저는 _____ 처럼 _____ 가 되고 싶어요.

③ 아빠: 요리사

아이: 저는 _____ 처럼 _____ 가 되고 싶어요.

④ 엄마: 소방관

아이: 저는 _____ 처럼 _____ 이 되고 싶어요.

3. 써 봅시다.

(의사가) 되다 ➡ 되었으면 좋겠다. | (아이스크림을) 먹다 ➡

(집에) 가다 ➡ 갔으면 좋겠다. | (우리 집에) 오다 ➡

(운동을) 하다 ➡ 했으면 좋겠다. | (공부를) 하다 ➡

4. 알맞은 것을 골라 써 봅시다.

불을 끄는　　　　도둑을 잡는　　　　병을 치료하는　　　　되었으면 좋겠어요

학생을 가르치는　　　　맛있는 음식을 만드는

〈보기〉 ➡ 저는 커서 <u>불을 끄는</u> 소방관이 되었으면 좋겠어요.

① ➡ 저는 커서 _____ 의사가
되었으면 좋겠어요.

② ➡ 저는 커서 _____ 요리사가
_____ .

③ ➡ 저는 커서 _____ 선생님이
_____ .

5. 〈보기〉와 같이 써 봅시다.

〈보기〉 공부를 잘하다
➡ 저는 공부를 <u>잘했으면 좋겠어요</u>.

①  용돈을 많이 받다 ➡ 저는 용돈을 많이 _____ .

②  공룡을 보다 ➡ 저는 공룡을 _____ .

③  아이스크림을 많이 먹다➡ 저는 아이스크림을 많이 _____ .

④ 농구를 잘하다 ➡ 저는 농구를 _____ .

1. 직업 이름을 찾아서 색칠해 봅시다.

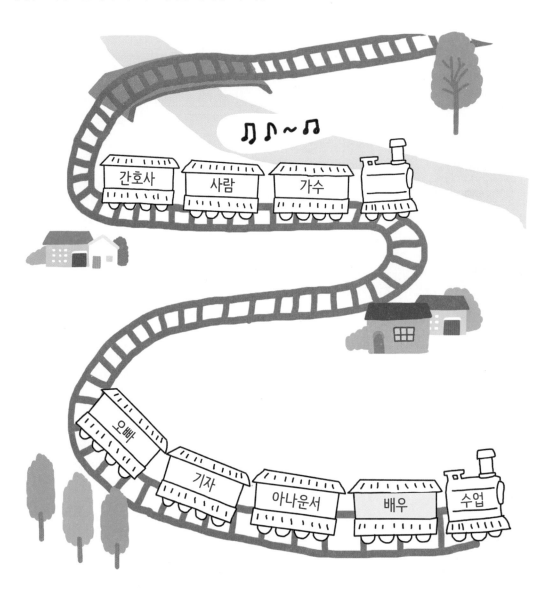

2. 써 봅시다.

(맛있는 고기를) 먹다 ➡ 먹으려면	(어려운 책을) 읽다 ➡
(선생님이) 되다 ➡ 되려면	(교장 선생님을) 만나다 ➡

3. 〈보기〉와 같이 써 봅시다.

〈보기〉

박물관에 가고 싶어요. 어떻게 해야 해요?

➡ 박물관에 <u>가려면</u> 어떻게 해야 해요?

①  한국어 말하기를 잘하고 싶어요. 어떻게 해야 해요?

➡ 한국어 말하기를 _____ 어떻게 해야 해요?

② 친구하고 사이좋게 지내고 싶어요. 어떻게 해야 해요?

➡ 친구하고 사이좋게 _____ 어떻게 해야 해요?

③ 편지를 보내고 싶어요. 어떻게 해야 해요?

➡ 편지를 _____ 어떻게 해야 해요?

④ 선생님이 되고 싶어요. 어떻게 해야 해요?

➡ 선생님이 _____ 어떻게 해야 해요?

4. 써 봅시다.

(약을) 먹다 ➡ 먹으면 되다   (여기에) 앉다 ➡

(도서관에) 가다 ➡ 가면 되다   (여기에서) 기다리다 ➡

5. 알맞은 것을 연결하고 써 봅시다.

① 박물관에 가고 싶어요.	매일 말하기 연습을 하세요.
② 한국어 말하기를 잘하고 싶어요.	300번 버스를 타세요.
③ 친구하고 사이좋게 지내고 싶어요.	우체국에 가세요.
④ 편지를 보내고 싶어요.	친구를 많이 도와주세요.
⑤ 선생님이 되고 싶어요.	공부를 열심히 하세요.

① 박물관에 가려면 300번 버스를 타세요.

②

③

④

⑤

6. 〈보기〉와 같이 써 봅시다.

〈보기〉

기자 ➡ 공부를 열심히 하다

기자가 되려면 어떻게 해야 해요?

공부를 열심히 하면 돼요.

① 아나운서 ➡ 발표 연습을 열심히 하다

아나운서가 되려면 어떻게 해야 해요?

_____ .

② 배우 ➡ 연기 연습을 열심히 하다

배우가 되려면 어떻게 해야 해요?

_____ .

③ 가수 ➡ 춤과 노래를 열심히 연습하다

가수가 되려면 _____ ?

_____ .

④ 경찰관 ➡ 운동을 열심히 하다

_____ ?

_____ .

4 장래 희망 발표

1. 글을 읽고 알맞은 말을 써 봅시다.

안녕하세요. 저는 5학년 2반 오딜입니다.

제 꿈은 축구 선수입니다. 저는 친구들하고 축구를 할 때 제일 행복합니다.

제가 좋아하는 축구 선수는 '메시'입니다. 저는 메시 ＿＿＿＿＿＿＿ 훌륭한

축구 선수가 ＿＿＿＿＿＿＿＿＿＿＿＿＿＿. 훌륭한 축구 선수가
(되다)

되려면 부지런해야 합니다. 저는 열심히 노력해서 꼭 훌륭한 축구 선수가

되겠습니다. 나중에 제 축구 경기를 보러 오세요.

2. 여러분의 장래 희망을 써 봅시다.

＿＿＿＿＿＿＿＿＿＿＿＿＿＿＿＿＿＿＿＿＿＿＿＿＿＿＿＿＿＿＿

＿＿＿＿＿＿＿＿＿＿＿＿＿＿＿＿＿＿＿＿＿＿＿＿＿＿＿＿＿＿＿

＿＿＿＿＿＿＿＿＿＿＿＿＿＿＿＿＿＿＿＿＿＿＿＿＿＿＿＿＿＿＿

＿＿＿＿＿＿＿＿＿＿＿＿＿＿＿＿＿＿＿＿＿＿＿＿＿＿＿＿＿＿＿

＿＿＿＿＿＿＿＿＿＿＿＿＿＿＿＿＿＿＿＿＿＿＿＿＿＿＿＿＿＿＿

3. 알맞은 낱말을 찾아서 색칠해 봅시다.

① 의사는 아픈 사람의 병을 ＿ㅊ ㄹ＿ 해요.

② 선생님이 되고 싶어요? 열심히 ＿ㄱ ㅂ＿ 하면 돼요.

③ ＿ㄱ ㅅ＿ 는 노래를 부르고 춤을 추는 사람이에요.

④ 나중에 되고 싶은 꿈을 ＿ㅈ ㄹ ㅎ ㅁ＿ 이라고 해요.

⑤ 저는 맛있는 음식을 만드는 ＿ㅇ ㄹ ㅅ＿ 가 됐으면 좋겠어요.

자	가	수	우	산	범	의	사
랑	바	요	차	림	공	부	새
하	위	리	① 치	료	연	습	하
마	수	사	루	장	래	희	망

글씨 연습

● 글씨를 바르게 써 봅시다.

아	픈		사	람	을		치	료	하	다	.

소	방	관

경	찰	관

불	을		끄	다

	아	빠	,	저	는		아	빠	처	럼		경
찰	관	이		되	었	으	면		좋	겠	어	요 .
착	한		사	람	들	을		보	호	하	고	
싶	어	요	.									

제 꿈은 요리사입니다.

저는 맛있는 음식을 먹을 때 행복합니다. 그리고 저희 아빠도 요리사이십니다.

저는 아빠처럼 훌륭한 요리사가 됐으면 좋겠습니다.

훌륭한 요리사가 되려면 부지런해야 합니다.

8 계획과 실천

1 여행 계획

1. 알맞은 것을 연결하고 〈보기〉와 같이 써 봅시다.

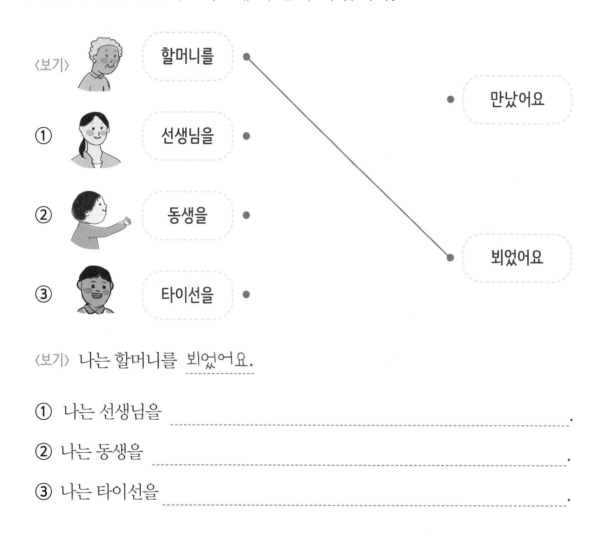

〈보기〉 나는 할머니를 <u>뵈었어요</u>.

① 나는 선생님을 ⎯⎯⎯⎯⎯⎯⎯⎯⎯⎯⎯⎯⎯⎯⎯⎯⎯⎯⎯⎯ .

② 나는 동생을 ⎯⎯⎯⎯⎯⎯⎯⎯⎯⎯⎯⎯⎯⎯⎯⎯⎯⎯⎯⎯ .

③ 나는 타이선을 ⎯⎯⎯⎯⎯⎯⎯⎯⎯⎯⎯⎯⎯⎯⎯⎯⎯⎯ .

2. 써 봅시다.

(책을) 읽다 ➡ 읽는 김에	(창문을) 닦다 ➡
(슈퍼에) 가다 ➡ 가는 김에	(방을) 청소하다 ➡

3. 어떤 일과 어떤 일을 같이 할 수 있어요? 연결해서 문장을 만들어 봅시다.

〈보기〉 세수하다 + 양치질을 하다 ➡ <u>세수하는 김에</u> 양치질도 했어요.

① 일본에 할머니를 뵈러 가다 + 여행을 하다 ➡ 일본에 할머니를 뵈러 <u>   </u> 여행도 했어요.

② 장난감을 정리하다 + 놀지 않는 장난감을 버리다 ➡ 장난감을 <u>   </u> 놀지 않는 장난감도 버렸어요.

4. 이야기를 읽고 〈보기〉와 같이 답을 써 봅시다.

저는 친척이 많아요. 할아버지, 할머니도 계시고 고모, 삼촌도 계세요. 그리고 사촌 언니도 한 명 있는데 부산에 살아요. 사촌 언니는 중학교 2학년이에요. 지난 방학 때는 사촌 언니를 만나러 가는 김에 부산 여행도 했어요. 저는 사촌 언니를 아주 좋아해요.

〈보기〉 어떤 친척이 있어요? ➡ <u>할아버지, 할머니, 고모, 삼촌, 사촌 언니</u>

① 사촌 언니는 어디에 살아요? ➡ <u>   </u> 에 살아요.

② 사촌 언니는 몇 학년이에요? ➡ 중학교 <u>   </u> 학년이에요.

③ 지난 방학 때 무엇을 했어요? ➡ <u>   </u>

2 방학 계획

1. 써 봅시다.

(사진을) 찍다 ➡ 찍을 것 같다	(바람이) 불다 ➡
(비가) 오다 ➡ 올 것 같다	(친척을) 만나다 ➡

2. 〈보기〉와 같이 대답을 써 봅시다.

방학에 뭐 할 거야?

잘 모르겠지만 놀이공원에 갈 것 같아.

〈보기〉 놀이공원에 가다

① 할머니 댁에 가다

잘 모르겠지만 할머니 댁에 _____.

② 피아노를 배우다

잘 모르겠지만 _____.

③ 축구를 하다

잘 모르겠지만 친구하고 _____.

3. 다음 글을 읽고 〈보기〉와 같이 대답을 써 봅시다.

이번 방학 때 저는 가족 여행을 갈 것 같아요.

작년에는 부모님께서 바쁘셔서 여행을 가지 못했어요.

그래서 친구들하고 놀이공원에 가서 놀았어요.

그런데 이번 방학 때는 가족과 함께 베트남에 갈 것 같아요.

타이선은 저에게 바닷가가 아주 깨끗하니까 꼭 가 보라고 했어요.

이번 방학에 저는 베트남에 가서 수영을 하고

맛있는 베트남 쌀국수를 먹을 거예요.

여행할 때 날씨가 아주 좋았으면 좋겠어요.

〈보기〉 작년 방학 때 무엇을 했어요? ➡ 놀이공원에 갔어요.

① 이번 방학 때 어디에 갈 것 같아요? ➡ ＿＿＿＿＿＿＿＿＿ 에 갈 것 같아요.

② 타이선은 뭐라고 말했어요? ➡ ＿＿＿＿＿＿＿＿＿ 에 꼭 가 보라고 했어요.

③ 여행 가서 무엇을 할 거예요? ➡ ＿＿＿＿＿＿＿＿＿＿＿ 을 하고,

베트남 ＿＿＿＿＿＿＿＿＿ 를 먹을 거예요.

3 생활 계획표

1. 다음 대화를 보고 엠마의 계획을 써 봅시다.

① 엠마, 방학 때 피아노 배울래?

② 네, 좋아요.

③ 무슨 요일에 피아노를 배우고 싶어?

④ 저는 월요일하고 수요일에 배우고 싶어요. 참, 태권도도 배우고 싶어요.

⑤ 태권도는 언제 배우고 싶어?

⑥ 화요일하고 목요일에 배우고 싶어요.

⑦ 그래, 그러자.

⑧ 그리고 매일 집에서 줄넘기도 할 거예요.

엠마의 방학 계획

① 피아노 배우기: 월요일, _____

② 태권도 배우기: _____ , _____

③ 줄넘기: _____ 집에서 하기

2. 써 봅시다.

(신문을) 읽다 ➡ 읽기로 하다	(친구하고) 놀다 ➡
(기타를) 배우다 ➡ 배우기로 하다	(운동을) 하다 ➡

3. 〈보기〉와 같이 대화를 써 봅시다.

 〈보기〉

방학 때 뭘
하기로 했어?

피아노를
배우기로 했어.

① 피아노는
언제 배울 거야?

월요일하고 수요일에 ＿＿＿＿＿＿＿＿＿＿ 했어.
그리고 태권도 학원에도 다닐 거야.

② 태권도 학원에는
언제 갈 거야?

화요일하고 목요일에 ＿＿＿＿＿＿＿＿＿ 했어.

③ 줄넘기도 학원에서
배울 거야?

아니, 줄넘기는 매일 ＿＿＿＿＿＿＿＿＿＿＿＿ .

4 새해 다짐 일기

1. 알맞은 낱말을 연결해 봅시다.

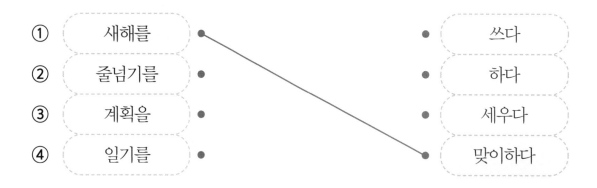

① 새해를   • ⸺⸺⸺⸺ • 쓰다
② 줄넘기를   •   • 하다
③ 계획을   •   • 세우다
④ 일기를   •   • 맞이하다

2. 써 봅시다.

(날씨가) 춥다	(김치가) 맵다	(친척이) 오다
↓	↓	↓
춥기 때문에		

3. 다음 글을 읽고 답을 써 봅시다.

　나는 새해에 두 가지 계획을 세웠다. 하나는 운동을 열심히 하는 것이다. 건강해지고 싶기 때문에 날마다 아침에 줄넘기를 하기로 했다. 그리고 한국 친척들과 한국말로 이야기를 하고 싶기 때문에 한국어 공부를 열심히 하기로 했다. 그래서 날마다 한국어를 열심히 공부하고 모르는 것이 있으면 선생님께 질문도 많이 한다. 지금은 작년보다 한국어 실력이 많이 좋아져서 기분이 좋다. 앞으로도 계획을 잘 지켜야겠다.

① 새해 계획은 무엇입니까? ➡ 운동과 ＿＿＿＿＿＿＿＿를 열심히 하는 것입니다.

② 무슨 운동을 합니까? ➡ ＿＿＿＿＿＿＿＿를 합니다.

③ 왜 한국어 공부를 열심히 합니까? ➡ ＿＿＿＿＿＿＿＿＿＿＿＿＿＿＿＿＿＿＿
＿＿＿＿＿＿＿기 때문에 열심히 합니다.

4. 〈보기〉와 같이 알맞은 것을 연결하고 써 봅시다.

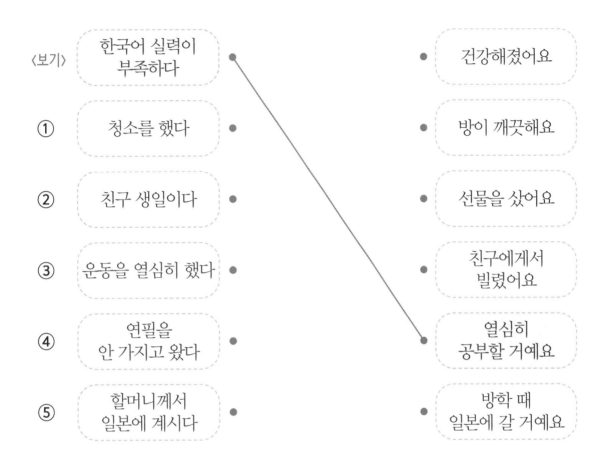

〈보기〉 한국어 실력이 <u>부족하기 때문에</u> 열심히 공부할 거예요.

① _____ 방이 깨끗해요.

② 친구 _____ 선물을 샀어요.

③ 운동을 _____ 건강해졌어요.

④ 연필을 _____ .

⑤ 할머니께서 _____ .

글씨 연습

● 글씨를 바르게 써 봅시다.

놀	이	공	원

생	활		계	획	표

텔	레	비	전

일	기	를		쓰	다

나	는		방	학		때		할	머	니
댁	에		가	기	로		했	다	.	그	리	고
일	본		여	행	도		하	기	로		했	다	.

오늘은　새해의　첫날이다.

나는　새해를　맞이하여　새

로운　계획을　세우고　싶다.

나는　새해에　더욱　건강해

지고　싶기　때문에　줄넘기

를　열심히　할　것이다.　그

리고　한국어　공부를　열심

히　할　것이다.

I. 맞는 답을 고르세요. [1-6]

1. 동물원에서 동물들을 _____ 정말 재미있었어요. (   )

   ① 질문했는데   ② 신기했는데   ③ 구경했는데   ④ 초대했는데

2. 태권도를 배우고 싶어? 나는 태권도를 잘하니까 내가 _____ 줄게. (   )

   ① 가르쳐   ② 발표해   ③ 초대해   ④ 준비해

3. 서영이가 친구에게 할 말이 있어요. 그래서 전화를 _____. (   )

   ① 걸었어요   ② 받았어요   ③ 바꿨어요   ④ 만났어요

4. 글을 쓸 때 _____을/를 틀리게 쓰면 다른 사람이 이해할 수가 없어요. (   )

   ① 맞춤법   ② 인터넷   ③ 알림장   ④ 계획표

5. 한국에 처음 왔을 때 한국어를 못했어요. 그런데 열심히 _____ 이제는 잘하게 되었어요. (   )

   ① 지켜서   ② 섞어서   ③ 노력해서   ④ 부탁해서

6. 한국어 실력이 _____ 때문에 앞으로 열심히 공부할 거예요. (   )

   ① 준비하기   ② 부족하기   ③ 맞이하기   ④ 자신 있기

II. 맞는 답을 고르세요. [7-12]

7. (　　　　)

> 갸: 오늘 수업 후에 같이 놀까?
> 냐: 미안해. 오늘은 수업이 ＿＿＿＿＿＿
> 　　할머니 댁에 가야 해.

① 끝나자마자
② 끝났으니까
③ 끝나기 전에

8. (　　　　)

> 가: 엄마, 졸려요. 자고 싶어요.
> 나: 아무리 ＿＿＿＿＿ 숙제는 하고 자야지.

① 졸려야
② 졸려도
③ 졸려서

9. (　　　　)

> 갸: 커서 뭐가 되고 싶어요?
> 냐: 저는 커서 아빠처럼 요리사가
> 　　＿＿＿＿＿＿＿＿＿＿＿.

① 될 줄 몰라요
② 되라고 했어요
③ 됐으면 좋겠어요

10. (　　　　)

> 갸: 어떻게 모둠을 만들고 싶어요?
> 냐: ＿＿＿＿＿＿＿＿＿＿＿.

① 저는 모둠을 좋아해요
② 내일 모둠을 만들 거예요
③ 친한 친구끼리 모둠을 만들고
　 싶어요

11. (　　　　)

> 가: 선생님이 되려면 어떻게 해야 해요?
> 나: _____.

① 선생님이 돼야지요
② 열심히 공부하면 돼요
③ 선생님이 될 수 있어요

12. (　　　　)

> 가: 수업 마치고 같이 놀래?
> 나: 오늘은 못 놀아. _____.

① 사이좋게 지내야지
② 숙제를 해야 하거든
③ 같이 놀아 달라고 했어

Ⅲ. 다음을 읽고 맞는 답을 고르세요. **[13-18]**

13. (　　　　)

> 저는 운동을 좋아해서 여러 운동을 했어요. 축구하고 야구를 했어요. 그리고 배드민턴도 쳐 봤어요. 배드민턴이 아주 재미있었어요.

① 저는 운동을 싫어합니다.
② 저는 배드민턴을 못 칩니다.
③ 저는 야구를 한 적이 있습니다.
④ 저는 배드민턴 치는 게 재미없습니다.

14. (   )

학교에서는 질서를 지켜야 합니다. 수업 시간에는 의자에 바르게 앉아서 수업을 들어야 합니다. 복도에서 장난치면 안 됩니다. 그리고 위험하니까 계단에서는 절대 뛰어다니면 안 됩니다.

① 복도에서 장난쳐도 됩니다.
② 교실에서 뛸 수 있습니다.
③ 계단에서 뛰면 위험합니다.
④ 수업을 듣고 나서 의자에 앉아야 합니다.

15. (   )

의사: 어디가 아프세요?
나: 무릎이 아파요.
의사: 어떻게 하다가 다쳤어요?
나: 시소를 타다가 넘어졌어요.
의사: 무릎을 잘 씻은 다음에 연고를 바르세요.

① 나는 시소를 타고 있습니다.
② 나는 자전거를 타다가 넘어졌습니다.
③ 나는 무릎이 아파서 병원에 갔습니다.
④ 의사 선생님은 시소를 타지 말라고 하셨습니다.

16. (   )

다니엘: 우리 모둠은 소방관 아저씨를 면담하자.
엠마: 내가 질문을 할게.
다니엘: 그럼 네가 질문을 하는 동안에 나는 사진을 찍을게.
엠마: 그래. 그럼 질문할 것을 준비하자.

① 다니엘은 질문을 하고 사진도 찍을 것입니다.
② 다니엘과 엠마는 소방관 아저씨를 만났습니다.
③ 다니엘과 엠마 모둠은 경찰 아저씨를 면담할 것입니다.
④ 엠마가 질문하는 동안에 다니엘은 사진을 찍을 것입니다.

17. (   )

> 다니엘: 선생님께서 뭐라고 하셨어?
>
> 엠마: 선생님께서 준비물을 가지고 왔냐고 하셨어.
>
> 다니엘: 어떡하지? 나 깜빡하고 안 가지고 왔어.
>
> 엠마: 그래? 그럼 내 준비물을 같이 쓰자.

① 선생님께서 엠마에게 준비물을 주셨습니다.

② 엠마와 다니엘은 준비물을 모두 가지고 왔습니다.

③ 엠마가 다니엘에게 준비물을 빌려주기로 했습니다.

④ 다니엘은 엠마에게 준비물이 무엇이냐고 물었습니다.

18. (   )

> 오늘 집으로 가는 길에 친구에게 문자가 왔어요. 문자에 답을 하고 있는데 갑자기 "빵! 빵!" 하는 자동차 소리가 들렸어요. 깜짝 놀라 쳐다보니 내가 빨간불에 길을 건너고 있었어요. 휴대 전화 때문에 신호등을 제대로 못 봤어요. 자동차 안에서 아저씨가 조심하라고 말했어요. 앞으로는 길을 걸을 때 휴대 전화를 보지 않을 거예요.

① 휴대 전화 때문에 차 사고가 났습니다.

② 자동차를 타고 친구를 만나러 갔습니다.

③ 신호등이 빨간불일 때 길을 건넜습니다.

④ 나는 오늘 집으로 가는 길에 휴대 전화를 샀습니다.

IV. 다음을 읽고 맞는 답을 고르세요. [19-20]

우리 학교에서는 1시에 점심을 먹습니다. 점심은 급식실에서 먹습니다. 화장실에서 손을 씻고 급식실에 가서 줄을 섭니다. 차례대로 급식을 받고 나서 친구들과 맛있게 먹습니다. 급식을 먹고 나서 수저와 식판을 정해진 곳에 놓습니다. 그리고 점심을 다 먹은 다음에는 양치질을 합니다.

19. 급식실에 가기 전에 무엇을 해요? (　　　)

① 손을 씻어요.　② 급식을 받아요.　③ 양치질을 해요.　④ 점심을 먹어요.

20. 맞는 답을 고르세요. (　　　)

① 점심은 교실에서 먹습니다.
② 점심 급식을 먹기 전에 양치질을 합니다.
③ 우리 학교에서는 12시에 점심을 먹습니다.
④ 급식을 먹은 다음에 식판을 정해진 곳에 놓습니다.

★ 정답

● '알고 있나요?' 정답

1. ① "○○, 안녕!" 등
   ② "잘 가. 내일 보자." 등
   ③ "나는 ○○(이)야. 만나서 반가워." 등
2. 예 내 친구 이름은 ○○이에요/예요. 내 친구는 머리카락이 길고 얼굴이 작아요. 내 친구는 키가 크고 다리가 길어요.
3. 예 네, 친척이 있어요. 저는 설날에 할아버지, 할머니를 만나서 세배를 드렸어요. 그리고 사촌을 만나서 수영장에 다녀왔어요.
4. 예 저는 과학과 음악 수업을 좋아해요. 과학 수업 시간에 실험한 것이 기억에 남아요. 음악 시간에 리코더를 배운 것이 기억에 남아요.
5. 예 저는 예쁜 꽃을 볼 수 있어서 봄이 좋아요. 저는 수영을 할 수 있어서 여름이 좋아요. 저는 눈싸움을 할 수 있어서 겨울이 좋아요.
6. 예 네, 방학 때 가족하고 놀러 간 적이 있어요.

놀러 갈 때 모자랑 우산을 가져가요. 해수욕장에 갈 때 수영복이랑 튜브를 준비해요.

7. 예 네, 중국에서 딤섬을 먹어 보았어요. 딤섬은 간장에 찍어서 먹으면 맛있어요. 카레를 먹어 보았는데 달았어요. 카레는 밥에 비벼서 먹거나 난에 찍어서 먹어요.
8. ① 아이스크림은 육백 원입니다.
   ② 필통은 이천 원이에요.
   ③ 가방은 삼만 오천 원입니다.
9. 예 시장에 가 보았어요. 시장에서 과일을 샀어요. 시장은 슈퍼마켓보다 과일이 많아요. 시장은 슈퍼마켓이나 백화점보다 생선이 많아요.
10. 예 한국에서는 어른이 수저를 들기 전에 먼저 먹지 않고 기다려야 해요. 밥을 먹을 때 소리를 내지 않아야 해요.

1단원 건강

1. 보건실

1.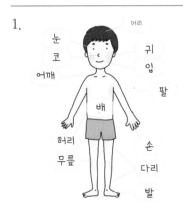

머리
눈
코
어깨
귀
입
팔
배
허리
무릎
손
다리
발

2. ① 배가 아파요
   ② 팔이 아파요
   ③ 목이 아파요
3. 예

2. 사고

1.

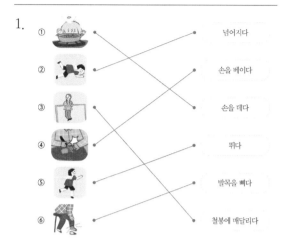

2. (운동장에서) 뛰다 → 뛰다가
   (철봉에) 매달리다 → 매달리다가
3. ① 뛰다가 ② 매달리다가 ③ 하다가
4. ② 발목을 삐었어요 ③ 손을 데었어요
   ④ 뛰다가 ⑤ 자전거를 타다가
   ⑥ 철봉에 매달리다가

3. 증상

1.

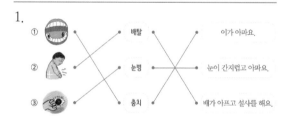

2. 인 것 같아/인 것 같아
3. 1) ① 배탈인 것 같아 ② 충치인 것 같아
   2) ① 눈병인 것 같은데 ② 감기인 것 같은데
4. ① 눈병인 것 같은데 병원에 가 봐
   ② 감기인 것 같은데 약을 먹어 봐

4. 병원

1.

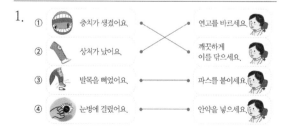

2. 일주일 → 일주일에
   3일 → 3일에
3. 예 ① 세(3) ② 다섯(5) ③ 두(2) ④ 한(1)
   ⑤ 하루, 한(1) ⑥ 두 달
4. (손을) 씻다 → 씻은 다음에
   (책을) 읽다 → 읽은 다음에
   (연고를) 바르다 → 바른 다음에
   (파스를) 붙이다 → 붙인 다음에
5. ① 닦은 다음에 ② 먹은 다음에
   ③ 씻은 다음에
6. 3번, 다음에

2단원 **취미 생활**

1. 할 수 있는 일

1. ② 피아노를 치다 ③ 기타를 치다
   ④ 배드민턴을 치다 ⑤ 단소를 불다
   ⑥ 수영을 하다
2. (돈을) 찾다 → 찾을 줄 알다
   (리코더를) 불다 → 불 줄 알다
   (피아노를) 치다 → 칠 줄 알다
   (수영을) 하다 → 할 줄 알다
3. ① 줄 몰라요 ② 줄 몰라요 ③ 줄 몰라요
   ④ 단소를 불 줄 알아요
   ⑤ 자전거를 탈 줄 알아요

2. 배우고 싶은 것

1. (점심을) 먹다 → 먹자마자
   (숙제를) 하다 → 하자마자
2. ① 가자마자 ② 하자마자
   ③ 간식을 먹자마자 숙제를 했어요
3. (떡볶이를) 먹다 → 먹을래?
   (여기에) 앉다 → 앉을래?
   (축구를) 하다 → 할래?
   (기타를) 치다 → 칠래?

4. ① 칠래 ② 배울래 ③ 바이올린을 배울래
   ④ 바둑을 둘래 ⑤ 마술을 배울래

3. 경험한 일

1. (선물을) 받다 → 받은 적이 있다
   (물고기를) 잡다 → 잡은 적이 있다
   (떡볶이를) 먹다 → 먹은 적이 있다
   (고양이를) 키우다 → 키운 적이 있다
2. ① 키운 적이 있어 ② 아니, 기른 적이 없어
   ③ 비행기를 탄 적이 있어/응, (비행기를) 탄
   적이 있어
3. ① 있어요/없어요 ② 적이 있어요/없어요
   ③ 탄 적이 있어요/없어요
   ④ 키운 적이 있어요/없어요

4. 하고 싶은 것

1. 예 나는 지난달부터 방과 후 교실에서 마술을
   배우고 있어요. 그래서 마술을 할 줄 알아요.
   전에 선생님하고 친구들 앞에서 마술을 한
   적이 있어요. 친구들이 아주 좋아해서 나도
   기분이 좋았어요.
2. 두 글자: 기타, 마술, 여행, 축구, 단소
   세 글자: 피아노, 태권도, 자전거
   네 글자: 배드민턴
   다섯 글자: 학예 발표회

3단원 체험 학습

1. 체험 학습 준비

1. ① 돗자리 ② 간식 ③ 케이블카
   ④ 장소 ⑤ 날짜 ⑥ 준비물
2. 동생 → 동생하고 같이
3. ② 어디 ④ 인제 ⑥ 준비물 ⑧ 뭐
4. ● 장소: 남산, 경복궁
   ● 날짜: 5월 17일 금요일

● 준비물: 도시락, 물
● 가서 할 일: 경복궁 구경, 케이블카 타기

2. 체험 학습 모둠

1. ② 나, 다, 바, 사, 차 ③ 다, 바, 사 ④ 카, 타
   ⑤ 가, 마, 아, 카, 타 ⑥ 나, 차, 라, 자
2.
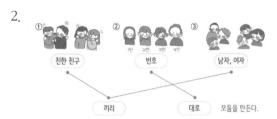
   ② 대로 ③ 끼리/끼리
3. ② 끼리 ③ 대로 ④ 끼리/끼리

3. 안전 교육

1.
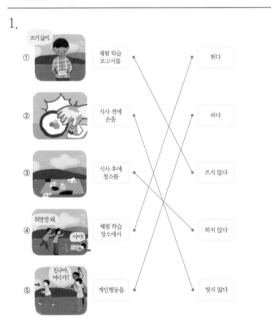
2. ① 하겠습니다
   ② 쓰겠습니다
   ③ 뛰지 않겠습니다
   ④ 하지 않겠습니다

4. 체험 학습 보고서

1. ② 신기했어요 ③ 귀여웠어요 ④ 신났어요

2.

마	②망	원	경	난	국	수
당	③간	식	보	일	⑤청	소
마	음	공	트	①번	호	각
남	공	트	부	탁	추	충
아	원	⑦태	풍	구	수	성
⑥모	둠	자	우	주	④질	서

4단원 숙제

1. 알림장

1.
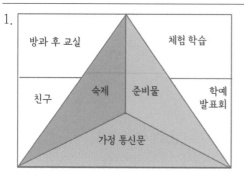

2. 2) 1. 숙: 수학 익힘책(수익) 24~26쪽 풀기
   2. 가통(가정 통신문) 1개
   3. 준: 줄넘기

3.

   ○   ○

4. 일기 쓰기야. 준비물은 리코더야. 가정 통신문이
   1개 있어.

2. 오늘의 숙제

1. ② 혼났어요 ③ 졸려요
   ④ 시간이 없어요 ⑤ 놀고 싶어요
   ⑥ 무서워요

2. (밥을) 만들다 → 만들어도
   (창문을) 닦다 → 닦아도
   (열심히) 공부하다 → 공부해도

3. ① 혼나도 ② 무서워도 ③ 시간이 없어도
   ④ 놀고 싶어도 ⑤ 졸려도

4.
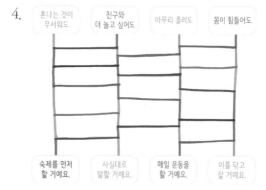

5. 예 ① 아이스크림을 먹을 거예요
   ② 만화책을 더 볼 거예요
   ③ 친구들과 놀 거예요
   ④ 아무리 하기 싫어도 청소를 할 거예요

3. 모둠 숙제

1. (잠을) 자다 → 자는 동안에

2. 1) 역할
   2)

   3) ② 내용을 적는 동안에
      ③ 사진을 찍는 동안에

3.

4. ① 만드는 동안에 ② 찾는 동안에
   ③ 찾는 동안에

4. 숙제 검사

1.
 청소를 같이 하자. 선생님께서 청소를 다 했냐고 하셨어.
청소를 다 했니? 선생님께서 청소를 같이 하자고 하셨어.

2. (숙제가) 없다 → 없냐고
　(집에) 가다 → 가자고 하다
3. ② 가냐고　③ 좋아하냐고　④ 먹자고
4. ② 가자고　③ 있냐고　④ 숙제 다 했냐고
5. 1) ② 빌리자고
　2) ① 좋아하냐고　② 먹자고

5단원　규칙

1. 공원에서 지켜야 할 규칙

1. ① (자전거를) 타다
　② (쓰레기를) 버리다
　③ (꽃을) 꺾다
　④ (큰 소리로) 노래를 부르다
2. (문을) 닫다 → 닫으면 안 되다
　(꽃을) 꺾다 → 꺾으면 안 되다
　(늦게) 오다 → 오면 안 되다
　(쓰레기를) 버리다 → 버리면 안 되다
3. ① 타면　② 버리면　③ 꺾으면 안 돼요
　④ 노래를 부르면 안 돼요

2. 학교에서 지켜야 할 규칙

1. (태권도를) 배우다 → 배운다고 하다
2. ① 운동장에 쓰레기를 버리면 안 된다고
　② 도서관은 3시에 문을 닫는다고
3. (이름을) 쓰다 → 쓰라고 하다
4. ① 하라고
　② 지내라고
5. ① 매라고

② 의자에 바르게 앉으라고

3. 급식실에서 지켜야 할 규칙

1.
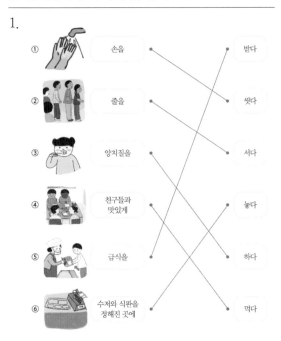

2. (손을) 씻다 → 씻고 나서
　(편지를) 쓰다 → 쓰고 나서
3. 다 → 나 → 가 → 바 → 마 → 라
4. ① 받고 나서　② 놓고 나서

4. 박물관에서 지켜야 할 규칙

1. 오라고/오라고/안 된다고/안 된다고
2. 두 글자: 차례, 견학, 수저, 식판
　세 글자: 박물관, 양치질
　네 글자: 필기도구

6단원　통신

1. 전화

2. ② ×　③ ○　④ ×
3. (밥을) 먹다 → 먹거든
　(잠을) 자다 → 자거든

4. ① 있거든 ② 잃어버렸거든
   ③ 새 옷이거든
5. 엠마가 강아지를 샀

2. 휴대 전화

1. 1) 엠마
   2) ③
   3) ③
2. (손을) 잡다 → 잡아 달라고 하다
   (사진을) 찍다 → 찍어 달라고 하다
   (정답을) 계산하다 → 계산해 달라고 하다
3. ① 사 달라고 ② 가 달라고
4. ② 해 달라고 ③ 보내 달라고

3. 인터넷 대화 예절

1.

2. 예 맞아. 정말 감동적이었어.
3. (크게) 웃다 → 웃으면 어떡해
   (집에) 가다 → 가면 어떡해
   (손을) 잡다 → 잡아야지
   (정확하게) 계산하다 → 계산해야지
4. ① 쓰면 어떡해/써야지
   ② 하면 어떡해/질문에 대답을 해야지
   ③ 따돌리면 어떡해/지내야지

4. 휴대 전화 사용 예절

1.
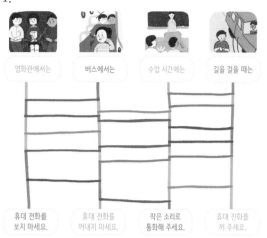

② 작은 소리로 통화해 주세요
③ 수업 시간에는 휴대 전화를 꺼내지 마세요
④ 길을 걸을 때는 휴대 전화를 보지 마세요

2.

3. ③ ○
4.

나 (엠마)는 휴대 전화를 사용할 때
다음을 잘 지키겠습니다.

1. 하루에 1 시간만 사용하겠습니다.
2. 자기 전에는 휴대 전화를 사용하지 않겠습니다.
3. 길을 걸으면서 휴대 전화를 보지 않겠습니다.

2020 년 11월 22일

7단원 일과 직업

1. 우리 이웃의 직업

1. ① 나: 간호사 ② 소방관 ③ 요리사
   ④ 회사원 ⑤ 경찰관 ⑥ 선생님

2.

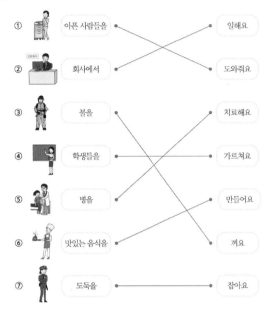

2. 나의 꿈

1. 엄마 → 엄마처럼, 오빠 → 오빠처럼
2. ① 이모/의사 ② 형/간호사
   ③ 아빠/요리사 ④ 엄마/소방관
3. (아이스크림을) 먹다 → 먹었으면 좋겠다
   (우리 집에) 오다 → 왔으면 좋겠다
   (공부를) 하다 → 했으면 좋겠다
4. ① 병을 치료하는
   ② 맛있는 음식을 만드는/되었으면 좋겠어요
   ③ 학생을 가르치는/되었으면 좋겠어요
5. ① 받았으면 좋겠어요
   ② 봤으면 좋겠어요
   ③ 먹었으면 좋겠어요
   ④ 잘했으면 좋겠어요

3. 방송 속의 직업

1.

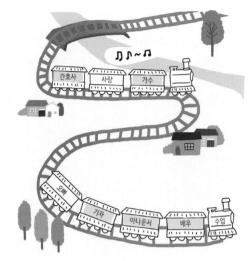

2. (어려운 책을) 읽다 → 읽으려면
   (교장 선생님을) 만나다 → 만나려면
3. ① 잘하려면 ② 지내려면
   ③ 보내려면 ④ 되려면
4. (여기에) 앉다 → 앉으면 되다
   (여기에서) 기다리다 → 기다리면 되다
5.

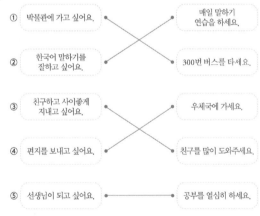

② 한국어 말하기를 잘하려면 매일 말하기
   연습을 하세요.
③ 친구하고 사이좋게 지내려면 친구를 많이
   도와주세요.
④ 편지를 보내려면 우체국에 가세요.
⑤ 선생님이 되려면 공부를 열심히 하세요.
6. ① 발표 연습을 열심히 하면 돼요

② 연기 연습을 열심히 하면 돼요

③ 어떻게 해야 해요/춤과 노래를 열심히 연습하면 돼요

④ 경찰관이 되려면 어떻게 해야 해요/운동을 열심히 하면 돼요

4. 장래 희망 발표

1. 처럼/됐으면 좋겠습니다

3.

자	③가	수	우	산	범	의	사
랑	바	⑤요	차	림	②공	부	새
하	위	리	①치	료	연	습	하
마	수	사	루	④장	래	희	망

8단원 계획과 실천

1. 여행 계획

1.
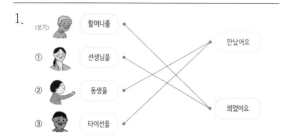

① 뵀어요 ② 만났어요 ③ 만났어요

2. (창문을) 닦다 → 닦는 김에

(방을) 청소하다 → 청소하는 김에

3. ① 가는 김에 ② 정리하는 김에

4. ① 부산 ② 2

③ 사촌 언니를 만나러 가는 김에 부산 여행도 했어요

2. 방학 계획

1. (바람이) 불다 → 불 것 같다

(친척을) 만나다 → 만날 것 같다

2. ① 갈 것 같아 ② 피아노를 배울 것 같아

③ 축구를 할 것 같아

3. ① 베트남 ② 바닷가 ③ 수영/쌀국수

3. 생활 계획표

1. ① 수요일 ② 화요일, 목요일 ③ 매일

2. (친구하고) 놀다 → 놀기로 하다

(운동을) 하다 → 하기로 하다

3. ① 배우기로

② 가기로

③ 집에서 하기로 했어

4. 새해 다짐 일기

1.
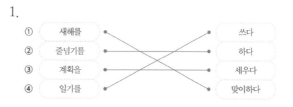

2. (김치가) 맵다 → 맵기 때문에

(친척이) 오다 → 오기 때문에

3. ① 한국어 공부 ② 줄넘기

③ 한국 친척들과 한국말로 이야기를 하고 싶

4.

① 청소를 했기 때문에

② 생일이기 때문에

③ 열심히 했기 때문에

④ 안 가지고 왔기 때문에 친구에게서 빌렸어요

⑤ 일본에 계시기 때문에 방학 때 일본에 갈
   거예요

1. ③   2. ①   3. ①   4. ①   5. ③   6. ②   7. ①   8. ②   9. ③   10. ③

11. ②   12. ②   13. ③   14. ③   15 .③   16. ④   17. ③   18. ③   19. ①   20. ④

메모

메모

기획 · 담당 연구원 ——

정혜선 국립국어원 학예연구사
이승지 국립국어원 연구원
박지수 국립국어원 연구원

집필진 ——

책임 집필
이병규 서울교육대학교 국어교육과 교수

공동 집필
박지순 연세대학교 글로벌인재학부 교수
손희연 서울교육대학교 국어교육과 교수
안찬원 서울창도초등학교 교사
오경숙 서강대학교 전인교육원 교수
이효정 국민대학교 교양대학 교수
김세현 서울명신초등학교 교사
김정은 서울가원초등학교 교사
박유현 연세대학교 언어연구교육원 한국어학당 강사
박지현 연세대학교 언어연구교육원 한국어학당 강사
박혜연 서울교대부설초등학교 교사
신윤정 서울도림초등학교 교사
신현진 서울강동초등학교 교사
이은경 세종사이버대학교 한국어학과 교수
이현진 서울천일초등학교 교사
조인옥 연세대학교 언어연구교육원 한국어학당 교수
강수연 서울구로중학교 다문화이중언어 교원

초등학생을 위한
표준 한국어 익힘책
고학년 의사소통 3

ⓒ 국립국어원 기획 │ 이병규 외 집필

초판 1쇄 │ 2020년 2월 25일
초판 4쇄 │ 2023년 11월 22일

기획 │ 국립국어원
지은이 │ 이병규 외
발행인 │ 정은영
책임 편집 │ 한미경
디자인 │ 표지디자인봄, 박현정 본문박현정, 이경진, 정혜미
일러스트 │ 우민혜, 민효인, 김채원, 고굼씨
사진 제공 │ 셔터스톡

펴낸곳 │ 마리북스
출판 등록 │ 제2019-000292호
주소 │ (04037) 서울시 마포구 양화로 59 화승리버스텔 503호

전화 │ 02)336-0729, 0730
팩스 │ 070)7610-2870
이메일 │ mari@maribooks.com
인쇄 │ (주)신우인쇄

ISBN 979-11-89943-25-7 (64710)
     979-11-89943-11-0 (64710) set